BIBLIOTHÈQUE
Economique.

TOME II.

IMPRIMERIE DE CASIMIR,
rue de la Vieille-Monnaie nº 12.

HISTOIRE ROMAINE.

L'instruction est l'amie de tous

A PARIS,

CHEZ DAUTHEREAU,

A LA LIBRAIRIE AU RABAIS,

Grande cour du Palais Royal, côté du Théâtre-Français, n° 21 *bis*.

1826.

HISTOIRE

ROMAINE.

Nous ne perdrons point notre temps à débrouiller la généalogie des premiers habitans de Rome : sans doute le ramas de pasteurs et de brigands qui établirent leurs cabanes sur le haut du mont Palatin ne songaient guère à se donner ce qu'on appelle des ancêtres ; mais aux Romains, maîtres du monde, il ne fallut pas moins qu'une origine royale ; la vanité est presque toujours parvenue à rapetisser les grands peuples comme les grands hommes.

Vers les temps où les traditions historiques ont placé la chute de Troie, plusieurs colonies grecques s'établirent en Italie ; elles y fondèrent les villes de Cumes, Tarente, Brindes, Croton,

Hipponium, Pœstum et beaucoup d'autres. Il n'est donc point impossible qu'à la même époque une troupe de Troyens, sous les ordres d'Énée, ait débarqué près de l'embouchure du Tibre et s'y soit fixée; mais il ne paraît pas qu'il y ait eu aucun rapport entre eux et les fondateurs de Rome. Les Troyens avaient une légère teinte de civilisation : s'ils formèrent des alliances, ils durent polir les mœurs des peuples auxquels ils se mêlèrent, et les premiers Romains furent, ainsi que leur chef, qui n'eut sur eux d'autre supériorité que celle d'un génie brut, des hommes tout-à-fait barbares.

Dès la naissance des sociétés, on put distinguer deux classes d'hommes de mœurs différentes : les uns doux, paisibles, résignés au travail, y cherchèrent le moyen de subvenir aux besoins de l'existence, alors peu nombreux; ce furent les pasteurs et ceux qui s'occupèrent de la culture des terres : les autres, turbulens, audacieux, avides, enclins à l'oisiveté, abusèrent de l'avantage que leur donnait sur les premiers, leur audace, leur force physique, qui le plus souvent en était la cause, et leur immoralité même, pour entrer avec eux et malgré eux en partage des fruits d'un travail auquel ils n'avaient pas contribué; ce furent les brigands.

Quand les peuples passèrent de l'état d'anarchie primitive, c'est-à-dire de l'état de famille à celui d'une association cimentée par les lois, les brigands y entrèrent. Ils offrirent de défendre contre leurs semblables ceux que jusqu'alors ils avaient dépouillés. De brigands ils se firent guerriers; mais cette métamorphose ne changea rien à leurs mœurs; ils continuèrent à vouloir consommer sans rien produire, et usurpèrent dans l'état la principale influence. Leurs chefs furent appelés *princes*, *primats*; et parce qu'ils combattaient le plus souvent à cheval, ils furent connus eux-mêmes sous le nom générique d'*équites*, qui, par la suite, devint un titre qu'on traduisit dans notre langue par le mot de *chevalier*. Telle fut presque partout, dans les temps barbares, l'origine de la noblesse.

Le canton montueux où s'éleva depuis la reine des nations, était, selon toute apparence, habité par quelques peuplades de pasteurs et infesté par des bandes de ces brigands dont nous venons de parler.

Romulus et son frère Rémus s'étaient distingués parmi les premiers, par leur courage à défendre leurs troupeaux. Leur réputation grouppa autour d'eux les pasteurs les plus braves; car le courage cherche le courage. Bientôt ils ne se contentèrent plus de garder la défensive : ils poursuivirent les brigands jusque dans leurs repaires, et leurs ravirent souvent le butin qu'ils avaient fait. Il paraît que les deux frères avaient pour aïeul un riche pasteur qu'un de leurs oncles avait dépouillé :

ils remirent ce pasteur, dont les historiens de Rome et leurs compilateurs ont fait un roi, à la tête de ses troupeaux. Les historiens que nous venons de mentionner auraient dit, à notre place, *à la tête de son royaume.*

Les succès qu'obtinrent Romulus et Rémus les dégoûtèrent de leur premier état; ils voyaient autour d'eux, parmi un grand nombre d'hommes belliqueux, une foule de familles faibles et laborieuses que leur renommée avait engagées à se ranger sous leur protection. Ils étaient ambitieux, et comme tels, ils désiraient affermir l'influence dont ils jouissaient et la tourner en autorité. Ils jugèrent avec raison que le plus sûr moyen d'y parvenir était de fixer cette multitude nomade. Ils l'engagèrent à s'établir, d'une manière permanente, sur quelque lieu élevé, d'où la vue s'étendît au loin, pour être, autant que possible, à l'abri des surprises, et le mont Palatin, qu'ils lui désignèrent, se couronna bientôt de cabanes (l'an 437 après la ruine de Troie, et 753 ans avant Jésus-Christ). Les historiens nationaux ont écrit que Romulus et Rémus se disputèrent à qui donnerait son nom à l'assemblage de ces cabanes et des lois à leurs habitans. Ils ajoutent qu'ils convinrent de remettre la décision de leur différend au hasard d'un augure qui se tirait de l'aspect d'un plus ou moins grand nombre de certains oiseaux, et que cet augure favorisa Romulus. Il n'y a dans ce récit rien d'invraisemblable : la superstition est un vice de la barbarie. Il n'est pas non plus surprenant que Rémus, piqué du ton de suprématie que dès-lors dut prendre son frère, ait, contre sa défense, franchi par dérision le fossé dont il jugeait à propos de ceindre le siége de sa domination naissante. Tout ceci, sous un rapport, importe fort peu à l'histoire. Il était fort indifférent à la grandeur future de la nouvelle ville qu'elle s'appelât Rome ou Rême; mais il ne le lui était pas autant que ce fût l'un ou l'autre des deux frères qui la gouvernât, même en supposant entre eux une égalité de génie, dont la nature n'a pas encore donné d'exemple dans le cours entier des siècles. Certes, la réunion de tout le pouvoir dans les mains de Romulus fut un événement qui influa sur le sort du monde.

Romulus songeait à faire en grand le métier des brigands qu'il avait longtemps combattus. La majorité de ceux qu'il avait réunis se composait d'hommes paisibles; c'était des soldats qu'il voulait. Il ouvrit, dans un bois sacré du voisinage de Rome, un asile à tous ceux que leurs crimes avaient fait rejeter de leur peuplade. Par ce moyen, il se vit bientôt à la tête d'une troupe formidable. Cependant la plupart des colons manquaient de femmes; leur chef, pour leur en procurer, s'était vainement adressé aux peuples voisins; ils lui avaient répondu *qu'il n'a-*

vait qu'à ouvrir un asile aux femmes de mauvaise vie ; qu'il pourrait former alors des mariages assortis. Romulus dissimula, mais à quelque temps de là, il célébra des jeux où il eut soin d'inviter les habitans des villes voisines. La curiosité y ayant attiré un grand nombre de jeunes filles, la plupart de la Sabinie, il donna ordre aux siens de les enlever. Cette violence renfermait le germe de plusieurs guerres : les Ceniniens, qui avaient eu leur part de l'outrage, commencèrent les premiers l'attaque (l'an 4 de la fondation de Rome); ils furent vaincus, Romulus tua leur chef Acron de sa propre main, et les força d'émigrer à Rome après avoir détruit leur ville. Les Antemnates et les Crustumériens, qui bientôt suivirent leur exemple, éprouvèrent à peu près le même sort. Les Sabins offraient aux ravisseurs un ennemi plus formidable. Ils s'emparèrent par trahison de la citadelle, disent les historiens romains (quoiqu'il soit fort douteux qu'il y eût déjà alors dans Rome une citadelle), et étaient sur le point de triompher dans une bataille décisive, quand Romulus, qui voyait chanceler sa troupe, fit vœu d'élever un temple à Jupiter s'il lui donnait la victoire. Ce vœu conditionnel, qui ressemblait à tant d'autres et auquel tant d'autres devaient ressembler, qui eût dû attirer la foudre sur la tête de son auteur, s'il est vrai, comme le pensaient les philosophes anciens, que les vœux des méchans et surtout ceux qu'ils font pour le triomphe d'une cause injuste soient un outrage à la Divinité, fut cependant exaucé : les Romains s'arrêtèrent et reprirent même l'avantage ; mais les Sabines, qui s'étaient affectionnées à leurs ravisseurs, se jetèrent échevelées entre eux et leurs pères, et forcèrent les uns et les autres à suspendre leurs coups.

La paix fut la suite de cette trève improvisée. Voici quelles en furent les principales conditions : les deux peuples réconciliés n'en devaient plus former qu'un seul. Tatius, chef des Sabins, devait régner ou plutôt gouverner conjointement avec Romulus; ils combattirent ensemble les Caméricns, qu'ils soumirent. Tatius étant mort au bout de cinq ans, Romulus réunit dans ses mains toute la puissance. Il punit cruellement une révolte des Caméricns, et vainquit successivement les Fidénates et les Véiens, qui avaient essayé de les soutenir. Toutes ces victoires agrandissaient le territoire de Rome et augmentaient le nombre de ses citoyens; car on enlevait presque toujours aux peuplades vaincues une certaine quantité de terres; quelquefois on transportait à Rome la population des villes prises; et les habitans des lieux voisins, séduits par ses prospérités, venaient spontanément en foule s'y fixer.

Romulus, dans l'intervalle de ses expéditions guerrières, s'occupait de constituer l'État qu'il avait fondé. Il avait d'abord divisé la ville en trois quartiers, et ses habitans en état de porter les armes en trois tribus, chacune de onze cents hommes; ce qui donnait un total de trois mille trois cents individus pour sa population guerrière. Telle fut la force initiale de ce peuple qui devait soumettre à ses lois tous les autres. Ces tribus furent subdivisées en curies, ayant chacune un certain nombre de prêtres. On dit qu'il partagea en outre le peuple en classes ou ordres; ceci n'est guère vraisemblable. Ce n'est pas immédiatement après la formation d'une association volontaire que les distinctions héréditaires s'établissent : elles sont presque toujours l'œuvre du temps; mais la noblesse romaine, sous l'influence de laquelle la plupart des historiens de Rome ont écrit, se crut intéressée à vieillir l'abus de son institution, pour le rendre plus respectable aux yeux du vulgaire.

Il n'est pas aussi invraisemblable qu'il ait, non pas institué l'ordre des *chevaliers*, mais accordé des priviléges aux cavaliers, dont les plus braves, sous le nom de *célères*, formaient sa garde; ce ne peut être que par abus que ces priviléges devinrent dans la suite héréditaires.

Romulus institua les licteurs. Comme il tirait toute sa force des hommes, il leur donna sur les femmes une autorité que l'on peut, à juste titre, appeler barbare; ils pouvaient les tuer pour cause d'adultère, et même si elles étaient convaincues d'avoir bu du vin. Il leur donna sur leurs enfans, des droits encore plus terribles; ils pouvaient faire mourir ceux qui naissaient difformes, et vendre les autres comme esclaves, jusqu'à trois fois consécutives; ils étaient seulement tenus dans certains cas de prendre l'avis d'un conseil de famille. Il laissa la population laborieuse se choisir, dans son sein, des magistrats, dont les fonctions se bornèrent d'abord, selon toute apparence, à juger les différends des familles et à organiser l'intérieur de l'état naissant. On les appelait *senatores* (sénateurs) et *patres conscripti* (pères conscrits), parce qu'ils étaient choisis parmi les vieillards et les pères de famille : c'était un tribunal patriarchal.

Romulus, uniquement occupé de la guerre, avait été bien aise de se décharger sur eux d'un soin peu convenable à ses goûts et à celui de ses officiers. Peu lui importait que des pasteurs paisibles exerçassent quelque influence dans les affaires domestiques de leurs semblables, pourvu qu'il continuât de commander à ses guerriers, d'être vainqueur au dehors, et qu'il dominât sur le tout. Mais quand le sénat qu'il avait créé, ou plus vraisemblablement toléré seulement, ayant élevé jusqu'à deux cents le nombre de ses membres, par l'admission des Sabins dans son sein, manifesta des sentimens d'opposition à ses vues, et de corps simplement judiciaire qu'il était d'abord, prétendit devenir pouvoir politique, son despotisme s'en alarma. Il s'appliqua dès-lors à restreindre une influence qui pouvait contre-balancer la sienne ; mais en agissant ainsi, il souleva contre son autorité des haines qui devaient lui devenir funestes. Un jour qu'il passait une revue de ses troupes sur les bords du marais de Caprée, un orage violent et subit dispersa ses gardes : il ne reparut plus depuis. Les historiens romains disent qu'il fut assassiné par les sénateurs, mais qu'on fit croire à l'armée et au peuple qu'on l'avait vu s'élever aux cieux au milieu des éclairs et des détonations de la foudre, et que ce fut là le fondement de son apothéose.

Comme on ne lui connaissait point de père, on le supposa fils de Mars; et cette supposition, qui sans doute n'avait été qu'une hyperbole dans la bouche de ceux qui l'énoncèrent les premiers, devint, par la succession des temps, un point de foi religieuse consacré par la superstition populaire.

Le despotisme n'est pas attrayant,

surtout pour un peuple neuf : les sénateurs hésitèrent long-temps avant de choisir un nouveau chef, craignant de se donner encore un maître. Les Romains et les Sabins prétendaient d'ailleurs réciproquement qu'on le tirât de leur sein. Il fut convenu que les premiers le choisiraient, et qu'il serait pris parmi les derniers. Enfin, après un interrègne d'une année, Romulus eut un successeur : il se nommait Numa Pompilius. C'était un sage, car il refusa long-temps une dignité que tant d'autres n'ont pas craint d'acquérir ou de conserver au moyen du crime. Mais ce qui surtout fixa sur lui le choix des Romains, c'est qu'il était d'un caractère aussi pacifique que celui de son prédécesseur avait été belliqueux. On craignait, par-dessus tout, de retomber sous le joug du gouvernement militaire.

Numa avait de la Divinité les idées les plus saines : il suivait la religion naturelle, croyait, ainsi qu'on le découvrit par ses manuscrits trouvés quatre cents ans après sa mort, en un Dieu suprême et unique, surveillant des actions des hommes, et punissant ou récompensant chacun selon ses œuvres. Mais la nouvelle colonie était infectée de superstitions : Romulus n'avait peut-être pas peu contribué à les accroître, en y appelant de Toscane une foule d'augures, d'aruspices et de prêtres de tout genre. Numa n'institua point leur culte, ou plutôt leurs cultes grossiers, comme on l'a tant répété; il ne fit que les régler. Tolérant ce qu'il jugeait impossible d'empêcher, il essaya du moins d'introduire quelque ordre dans le chaos des croyances populaires, et prenant les choses telles qu'elles existaient, il réunit en colléges distincts toutes les personnes attachées au culte; leur assigna des temples, détermina leurs attributions et les soumit à des lois fixes, persuadé qu'il n'y a rien de si dangereux que de laisser sans contrôle et sans règle ceux qui s'interposent comme médiateurs entre la Divinité et l'homme.

N'ayant point dessein d'opprimer, il ne crut pas avoir besoin de gardes : il licencia les *célères ;* mais comme il savait bien que le plus grand nombre d'entre eux ne se soumettraient point à travailler pour vivre, comme le reste des citoyens, il les admit à l'oisiveté du sacerdoce. Ils se formèrent en un collége de prêtres qui retint leur nom. Ainsi, presque partout, l'on voit les sociétés en proie, dès leur origine, au double fléau de l'oligarchie et des agrégations prétendues religieuses.

Numa éleva un temple à la bonne foi. On peut croire qu'il eut l'intention d'opposer le culte allégorique des vertus aux dégoûtantes superstitions qui dominaient dans le peuple, mais qu'il échoua dans ce dessein, comme ont échoué et échoueront tous ceux qui offrent au peuple des idées raisonnables en matière de religion.

Ce fut encore Numa qui fit bâtir le

temple de Janus, qui devait n'être fermé que pendant la paix : mais il ne s'occupa pas seulement des affaires du culte ; il institua le droit *fécial*, qui réglait la manière dont on devait déclarer la guerre, après avoir épuisé tous les moyens imaginables de conciliation. Il rendit aussi plusieurs lois, dans le but d'affaiblir l'esprit de rivalité qui divisait toujours les Sabins et les Romains, et ne cessa de travailler avec zèle à la prospérité du petit État dont le soin lui était confié.

Numa mourut regretté de tous, après un règne de quarante-trois ans. On élut, pour le remplacer, Tullus Hostilius. Ce nouveau chef déclara la guerre aux Albains, qui avaient fait des incursions sur le territoire de Rome ; mais il paraît que l'esprit pacifique de Numa lui survécut quelque temps au sein du sénat et du peuple. On attachait alors quelque prix au sang des hommes, et, pour le ménager, on convint de ne faire combattre, l'un contre l'autre, que trois guerriers de chaque parti, en ajoutant que les vainqueurs procureraient à leurs concitoyens la suprématie sur la nation à laquelle appartiendraient les vaincus : exemple d'humanité sans antécédens, et malheureusement sans imitation ! Mais si les hommes avaient été assez sages pour le suivre, ils l'eussent sans doute été assez aussi pour demeurer toujours en paix.

Ce furent trois frères qui se dévouèrent de côté et d'autre : les Curiaces à Albe, et à Rome les Horaces ; les premiers furent vaincus, et Albe soumise. Certains critiques ont révoqué en doute cet événement, selon nous assez vraisemblable, et qui, dans tous les cas, a fourni au père de notre tragédie l'une de ses pièces les plus estimées.

La soumission des Albains n'était pas sincère : leur chef, Métius Suffétius, fomenta la révolte des Fidénates, et, pendant le combat que les Romains eurent à soutenir contre eux, garda une neutralité plus que suspecte. Tullus, après avoir battu les Fidénates, l'en punit avec une insigne barbarie : il le fit écarteler, et condamna à des peines diverses ses principaux complices.

Il envoya ensuite contre Albe un détachement qui la surprit, la détruisit de fond en comble, et transféra sa population dans Rome.

Les Fidénates, quoique battus, n'étaient pas soumis. Il fallut une seconde bataille pour les réduire. Tullus fit encore la guerre, d'abord contre les peuples de la Sabinie, ensuite contre ceux du Latium, et imposa des lois aux uns et aux autres. Tant de succès lui acquirent l'admiration de ses concitoyens; ils lui décernèrent un double triomphe : Rome fut alors pour la première fois, selon toute apparence, témoin de cette cérémonie pompeuse.

Tullus mourut l'an 113 de la fondation de Rome, adoré du peuple, auquel il avait, à son avénement, fait l'abandon de son patrimoine. Quelques historiens on prétendu que son successeur, Ancus Martius, petit-fils de Numa, n'avait pas été étranger à la cause de sa mort. Ancus, dont le caractère participait, si nous en croyons Tive-Live, de ceux de Romulus et de Numa, fit, comme le premier, redouter les armes romaines au dehors, et, ainsi que son aïeul, s'attacha à maintenir la paix intérieure et à faire fleurir l'agriculture et les arts. Quand nous disons les arts, nous entendons parler des arts nécessaires; car les Romains, jusqu'au temps de leur corruption, fruit de leur excessive puissance, n'en connurent pas d'autres. Les quatre premières années du pouvoir d'Ancus s'écoulèrent en paix, mais, au bout de ce temps, il déclara la guerre aux Latins, qui, conformément à une opinion qui paraît avoir été une partie de l'ancien droit public des peuplades de l'Italie, prétendaient, quoique soumis par Tullus, n'être point engagés envers son successeur. Toujours battus, mais aigris par leurs revers mêmes, ils soutinrent, pendant huit années, une lutte désespérée, et ne posèrent les armes que quand ils se virent hors d'état de tenir la campagne. Les Fidénates prirent leur place en l'an 130 *, sans plus de succès.

Les Véiens, les Volsques et les Sabins, s'étant confédérés, présentèrent un ennemi beaucoup plus redoutable; Ancus en vint à bout après une guerre peu longue, mais sanglante. Ce fut la dernière de son gouvernement; nous n'osons dire de son règne, car les chefs électifs que les Romains mettaient alors à leur tête n'étaient ni assez absolus ni assez puissans pour que nous leur donnions le nom de rois. Ancus, qui allait soumettre de prétendus peuples à quelques milles de Rome, était obligé de conquérir le mont Jani-

* Après la fondation de Rome. C'est de cette manière qu'il faudra toujours entendre les dates qu'on trouvera dans le cours de cet ouvrage.

cule, de l'autre côté du Tibre, afin de pouvoir agrandir la ville trop peu vaste pour contenir les populations qu'on y transportait des cités révoltées. Déjà il avait enfermé le mont Aventin dans son enceinte, qui, formée par des murs d'une part, et de l'autre par des fossés profonds, embrassait alors, outre les deux monticules que nous venons de nommer, les monts Palatin, Tarpéien et Quirinal.

Il fit ensuite élever un pont sur le Tibre, le premier, selon toute apparence, qu'on ait construit en Italie; creusa un port à l'embouchure de la même rivière, et bâtit auprès la ville d'Ostie.

Ancus paraît avoir été le premier qui ait introduit quelque régularité dans l'ordre de bataille des Romains.

Il mourut l'an de Rome 139, après avoir gouverné vingt-quatre ans. Il eut pour successeur un certain Lucumon, d'origine corinthienne, natif de Tarquinie, et, à cause de cela, appelé à Rome, où il était venu s'établir, Licinius Tarquin. Ses richesses immenses, ses talens, et ses manières affables, lui avaient en peu de temps acquis une grande influence, et ouvert l'accès du palais d'Ancus. Investi par sa confiance de la tutelle de ses fils, il avait, à l'instigation d'une épouse ambitieuse, abusé de sa position pour se faire décerner le pouvoir à leur préjudice. Les Romains en le lui conférant exerçaient un droit; mais Tarquin, en le sollicitant, ne blessait-il pas la reconnaissance?

Tarquin s'occupa d'abord de consolider son autorité en introduisant dans le sénat deux cents nouveaux membres, sans doute de ses plus serviles partisans. Aucun autre événement ou acte mémorable ne paraît avoir signalé les dix premières années de son gouvernement. L'an 149, il commença, contre les Latins, une guerre dans laquelle ces peuples eurent toujours le dessous; mais que leur opiniâtreté prolongea quinze ans. Tarquin leur prit d'abord la ville d'Appiole, dont, par une rigueur inouïe jusqu'alors, il réduisit les habitans en esclavage, et s'empara successivement ensuite de Crustume, de Nomente, de Cornicule, etc. Son neveu, Aruns Tarquin, lui soumit Collatie, dont il prit le surnom de *Collatin*.

Les Latins ne se découragèrent cependant pas. Ils parvinrent à mettre dans leur parti les Étrusques ; mais le secours qu'ils en reçurent ne put les empêcher d'être encore une fois battus. Tarquin entra triomphant dans Rome, à l'embellissement de laquelle il fit servir les richesses qu'il avait conquises.

Ce fut vers ce temps qu'il fit commencer le *grand cirque* entre les monts Palatin et Aventin. Il devait bientôt, en outre, jeter les fondemens de divers édifices publics et entreprendre plusieurs aqueducs, que réclamaient la propreté et la salubrité de la ville.

La puissance toujours croissante de Rome alarmait les peuples voisins.

Les Latins formèrent contre elle une nouvelle ligue avec les Sabins et les Étrusques : les uns et les autres furent promptement soumis. Cependant le calme qui suivit ne fut pas de longue durée. Les Sabins, qui n'avaient négocié qu'une trève, recommencèrent bientôt les hostilités, mais encore sans succès. Rebutés enfin, ils demandèrent la paix, qui leur fut accordée, et Tarquin triompha pour la troisième fois.

Ce prince fut assassiné l'an 174, au sein de son palais, par deux scélérats, émissaires des fils d'Ancus, exaspérés des mesures qu'il venait de prendre pour perpétuer dans sa famille le pouvoir qu'avait eu leur père. Tarquin laissait deux fils que Servius traita, avec l'aide de Tanaquile, sa belle-mère, comme lui-même avait traité les fils d'Ancus, en se faisant déférer le gouvernement à leur préjudice.

Servius était né dans l'esclavage; mais il avait, ce qui est plus glorieux qu'une origine illustre, des talens éminens.

Le sénat refusa d'abord de sanctionner son élévation; mais, fort de l'appui du peuple, qui l'avait élu et dont il se conciliait de plus en plus l'affection par ses largesses, il n'en avait pas moins la suprême autorité. La guerre, en le rendant nécessaire, étouffa bientôt toute opposition. Il lui fallut vingt ans de succès pour remettre sous le joug de Rome, les Véiens, les Cérètes, les Tarquiniens, et généralement toutes les peuplades de l'Étrurie qui avaient été soumises sous Tarquin. Cette longue lutte procura aux Romains un accroissement considérable de territoire, et à Servius un triple triomphe.

Servius ajouta à la ville les monts Viminal et Esquilin, divisa son enceinte en quatre quartiers, et tout le territoire qui en dépendait en dix-sept sections, habitées par un nombre égal de tribus. Il établit en outre le cens, dans le but de connaître le nombre des citoyens de la république, celui de leurs enfans, de leurs esclaves, de leurs femmes, leur capacité de porter les armes, le revenu dont ils jouissaient, leur âge, leur profession, la tribu et la curie à laquelle ils appartenaient. Ces dispositions étaient sages; mais, ingrat envers les plébéiens qui l'avaient élu, Servius leur ravit, autant qu'il fut en lui, le pouvoir électoral, pour en investir le patriciat, en substituant le vote par centuries à celui qui se faisait par curies. Comme dans la distribution qu'il avait faite du peuple en centuries, il avait eu égard à la quotité d'influence et de richesse plutôt qu'à la proportion numérique, il s'ensuivit que les patriciens et quelques plébéiens, rapprochés d'eux par leur opulence, remplirent un plus grand nombre de ces centuries que la masse entière du peuple, et demeurèrent ainsi maîtres absolus des délibérations.

Servius fut assassiné par son gendre Lucius Tarquin, petit-fils de Tarquin l'Ancien, poussé à cet attentat par la fille même de sa victime. Cette femme atroce, dévorée d'ambition et déjà exercée au crime *, se hâtant de se rendre au lieu où l'on disait que son père venait d'être égorgé, pour être une des premières à féliciter son assassin, rencontra sur sa route le cadavre de cet infortuné vieillard, et, par une bravade impie, força son cocher à faire passer dessus la roue de son char.

Tarquin, que son arrogance fit surnommer *le Superbe*, conserva par la terreur des supplices une autorité qu'il avait acquise par le crime.

Sachant combien il était détesté des Romains, il chercha à se concilier l'affection des peuples alliés et particulièrement des Latins; il organisa contre

* On l'accusait d'avoir fait mourir son premier époux, Aruns Tarquin, frère de Lucius, et d'avoir en outre engagé celui-ci à se défaire également de sa première femme, sœur de cette furie, parce que ces deux infortunés étaient un obstacle à leur union.

leurs ambassadeurs une conspiration factice, pour se donner à leurs yeux le mérite de les en préserver. Il donna sa fille à l'un des plus puissans d'entre eux, et il prit ensuite leur parti contre les Volsques, qu'il vainquit.

Bientôt après il fit la guerre aux Sabins, qu'il força de s'avouer tributaires de Rome. On lui décerna un double triomphe.

Tarquin prit encore la ville de Gabies, dont il convoitait ardemment la conquête. Pour la lui procurer, Sextus l'un de ses fils, feignant d'être mécontent de lui, alla trouver les habitans de cette ville, et s'offrit à les servir contre Rome, avec les dehors d'une colère si bien feinte, qu'ils n'hésitèrent pas à le mettre à la tête de leurs troupes. Quand il eut acquis une autorité redoutable, il envoya un exprès à son père pour lui demander ses ordres. Celui-ci se promenait dans un jardin quand le messager de son fils lui fut présenté. Il abattit, avec un bâton qu'il portait, toutes les têtes de pavots qui s'élevaient au-dessus des autres. Sextus comprit facilement que le roi lui ordonnait de mettre à mort les principaux de la ville; ce qu'il exécuta. La soumission du peuple fut ensuite acceptée à des conditions fort tolérables.

Tarquin fit travailler à l'achèvement du grand cirque et des aqueducs entrepris sous son aïeul; il s'occupa, en outre, de la construction d'un temple dont celui-ci avait tracé le plan. On dit qu'en creusant pour établir les fondemens de cet édifice, on trouva une tête d'homme, et que c'est de là qu'il reçut le nom de *Capitole* *. La superstition interpréta cette circonstance de manière à flatter l'orgueil national; on prétendit qu'elle présageait que Rome serait un jour la *tête* ou la capitale du monde.

Jusqu'à l'an 243, Tarquin avait eu

* *Caput*, en latin, signifie tête.

un règne assez prospère, mais son fils Sextus ayant attenté à la pudeur de Lucrèce, épouse de son neveu Collatin, donna lieu à une insurrection qui devait lui coûter le trône. Il était occupé au siége d'Ardéa chez les Rutules. A la première nouvelle de ce qui se passait, il se dirigea vers Rome; mais on lui en refusa les portes, en lui signifiant le décret du sénat qui le condamnait, lui et sa postérité, à un bannissement perpétuel.

On résolut alors de ne jamais rétablir la royauté; on s'y engagea par un serment; on dévoua au dieux infernaux quiconque l'enfreindrait, et il fut permis à chacun de le tuer. Le gouvernement fut confié à deux magistrats annuels, auxquels on donna le nom de *consuls* (qui prend soin). Ce qu'il y eut de remarquable, c'est que les premiers consuls furent deux parens du roi détrôné, Brutus et Tarquin Collatin, qui tous deux avaient pris une part fort active à la révolution.

Ainsi finit l'existence de la royauté romaine, si l'on peut donner ce nom à la qualité de chef d'un État dont le territoire s'étendait à peine à quelques milles au-delà de son centre. Elle avait duré deux cent quarante-trois ans, sous sept rois.

La nouvelle constitution avait été particulièrement rédigée d'après un plan laissé par Servius. Elle favorisait extrêmement les patriciens, mais le peuple, qu'on éblouissait des mots de liberté et de patrie, ne songea pas alors qu'il ne faisait que passer du joug d'un roi sous celui des nobles.

Tarquin avait trop d'ambition pour ne pas tenter toutes les voies imaginables de recouvrer le rang qui venait de lui être ravi. Il noua, dans ce but, des intelligences avec plusieurs jeunes gens des premières familles de la ville, qui, habitués au luxe et à la vie voluptueuse des courtisans, s'accommodaient fort peu de l'austère simplicité qu'affectait la nouvelle magistrature.

Heureusement la conspiration fut découverte ; mais, ce dont l'humanité dut avoir à gémir, les conspirateurs furent punis du dernier supplice. Brutus vota pour la condamnation à mort de ses deux fils impliqués dans le complot, et porta le courage ou la barbarie jusqu'à assister à leur exécution. Tarquin Collatin, qui n'avait pas montré la même fermeté, fut exilé de la ville, comme suspect de favoriser les coupables.

Désespérant de parvenir à opprimer Rome au moyen de Rome même, Tarquin lui suscita, avec ses alliés, une guerre pendant laquelle Aruns, l'un de ses fils, et le consul Brutus se passèrent réciproquement leurs lances au travers du corps *. Après beaucoup de combats, les Romains eurent l'avantage ; mais l'esprit actif du monarque détrôné leur mit bientôt sur les bras

* Les dames romaines portèrent pendant un an le deuil du consul.

un ennemi plus formidable, Porsenna, roi d'Étrurie, qu'il vint à bout d'intéresser à sa cause. Ce prince s'empara du mont Janicule, et se serait même rendu maître de Rome, sans le courage héroïque d'Horatius Coclès, qui soutint seul l'effort de toute son armée, pendant que l'on coupait derrière lui le pont Sublicius qu'Ancus avait fait construire. Il traversa ensuite le Tibre à la nage. Sur ces entrefaites, C. Mucius, surnommé *Scévola*, exalté par l'idée des dangers qui menaçaient sa patrie, s'introduisit dans le camp de Porsenna, résolu de l'assassiner; mais arrêté avant d'avoir pu y parvenir, il avoua au roi quel avait été son dessein, lui déclara que trois cents de ses concitoyens s'étaient engagés par serment à périr ou à l'exécuter; et, pour prouver que le courage d'un Romain n'était au-dessous d'aucune épreuve, plongea sa main dans un brasier ardent qui se trouvait dans la salle d'audience. Il l'y tint pendant plusieurs minutes sans laisser paraître dans ses traits aucune altération qui décelât la douleur qu'il endurait. Saisi d'admiration ou peut-être de crainte, à l'aspect de tant de constance, le roi d'Étrurie résolut d'accorder la paix à Rome. Au nombre des ôtages qu'on lui donna, se trouvait une jeune fille qui, perdant en quelque sorte la tête, à l'idée d'être obligée d'aller vivre loin de sa famille, trompe la vigilance des Étrusques, se précipite à cheval dans le Tibre et parvient à gagner la rive romaine, où elle est suivie par une partie de ses compagnes. Telle est, en peu de mots, l'histoire de Clélie. Sa conduite, qui blessait les lois de l'honneur, et pouvait ravir à sa patrie le fruit d'une paix nécessaire à son salut, lui valut pourtant de grandes louanges de la part de ses concitoyens et de Porsenna lui-même. On lui éleva dans la suite, à Rome, une statue équestre, et, ce qu'il y a de plus étonnant, on signale encore aujourd'hui dans nos écoles, à l'admiration des enfans, l'action de cette jeune Romaine, qui certainement était plus digne de châtiment que d'éloge.

Ce fut vers la fin de cette guerre (l'an 246) qu'on acheva le Capitole, et que mourut Valérius, surnommé *Publicola* (l'ami du peuple), successeur de Tarquin Collatin dans la dignité de consul. Après la mort de Brutus, il avait été quelque temps sans se donner de collègue; mais s'apercevant qu'il devenait suspect au peuple, il s'était adjoint Porcius Lucrétius, père de Lucrèce, qui devait peu survivre à cet honneur. Valérius mérita son surnom par le soin qu'il prit des intérêts populaires; le principal de ses bienfaits fut la loi appelée, de son nom, *Valéria*, qui, transportant du sénat au peuple l'appel des jugemens des consuls, devint l'une des plus importantes garanties de ce dernier.

Ce fut sous le consulat de Valérius et par son conseil que furent créés les deux premiers questeurs, chargés de prendre soin des deniers publics.

La paix qui suivit la retraite de Porsenna ne fut pas de longue durée. Rome eut bientôt diverses guerres à soutenir. Les Sabins, contre lesquels on envoya successivement les consuls Posthumius, Ménénius et Cassius, furent forcés de poser les armes, l'an 251, après une lutte de trois ans. Il n'en fallut que deux pour soumettre les Fidénates, qu'excitaient les Tarquins. Leur capitale fut prise par le consul Lartius, en 255. Pendant ce temps l'on découvrit deux conspirations d'esclaves : la seconde fut éteinte par *le consul* Sulpicius dans le sang de ses auteurs.

Cependant trente peuplades latines venaient de prendre les armes, autant par haine et par envie de Rome que pour les intérêts de Tarquin. Ce qui rendait leur ligue plus redoutable, c'est que la masse des citoyens, excédée de la tyrannie des nobles, refusait d'entrer en campagne. « La royauté, « selon la remarque de l'abbé Vertot, « était, à la vérité, abolie; mais l'esprit « de la royauté était passé parmi les « patriciens. Le sénat possédait les « dignités civiles et militaires, et même « les richesses, qui en sont une suite; et « le premier objet de sa politique fut « de tenir toujours le peuple dans l'a- « baissement et dans l'indigence. On « ne lui donnait point d'argent qu'à « de grosses usures, et ces usures « étaient arbitraires. Les lois de ce « temps-là permettaient au créancier, « faute de paiement, d'arrêter son dé- « biteur et de le retenir dans sa mai- « son, où il était traité comme esclave. « On exigeait souvent le principal et « les intérêts à coups de fouet et à « force de tourmens; et, sous prétexte « de l'observation des lois et d'une « justice exacte, le peuple éprouvait « tous les jours une injustice extrême. »

Bientôt on ne vit presque plus dans Rome une famille de plébéiens qui n'eût parmi ses membres un débiteur captif ou menacé de le devenir. Aussi entendait-on dire hautement au plus grand nombre d'entre eux, à l'occasion de la nouvelle guerre, que ceux qui avaient des richesses et des honneurs à défendre pouvaient sortir pour combattre l'ennemi ; que pour eux ils n'avaient rien à en espérer ni à en craindre, puisque leurs victoires passées ne leur avaient procuré que la misère et la servitude, et que leur situation présente, quelque changement qu'elle éprouvât, ne pouvait devenir plus malheureuse.

Cependant l'ennemi s'avançait, et comme les plébéiens ne voulaient pas s'enrôler qu'on n'eût préalablement proclamé l'abolition des dettes, le sénat, composé en majorité de créanciers, résolut de les contraindre par la terreur à donner leur nom. Pour cet effet, il créa, sous le nom de dictateur, un magistrat suprême qu'il investit pour six mois d'un pouvoir discrétionnaire. Le consul Largius, qui fut le premier revêtu de cette dignité, se présenta sur la place publique avec un appareil formidable. Il fit appeler chacun des plébéiens présens, par son nom, et comme on savait qu'il pouvait condamner à mort, sans appel, quiconque refuserait de lui obéir, personne n'osa lui résister; cependant ce succès du sénat lui fut pour lors de peu d'utilité : le reste de la campagne se passa en négociations, et l'on conclut avec l'ennemi une trève d'une année, au terme de laquelle les hostilités recommencèrent.

Les troubles qui continuaient au sujet des dettes, et le refus que faisait le peuple de s'enrôler, déterminèrent le sénat à nommer un nouveau dictateur : ce fut Posthumius. Il s'avança vers les Latins à la tête d'une armée nombreuse, et les défit près du lac Regille; cette bataille, dans laquelle les deux fils de Tarquin furent tués, est le dernier effort apparent fait en faveur de l'ex-roi de Rome. On croit qu'il vécut encore assez long-temps comme simple particulier, dans une ville de la Toscane.

Cependant, à peine les plébéiens étaient-ils de retour de l'armée qu'on entendait recommencer leurs plaintes au sujet des dettes. Le sénat avait nommé consuls Appius Claudius et Servilius, patriciens de dispositions bien différentes : l'un, Sabin d'origine, que la haine de ses concitoyens avait forcé de s'exiler à Rome, opinait toujours pour les mesures les plus sévères et les plus tyranniques ; l'autre, au contraire, était porté par inclination à défendre les intérêts des plébéiens, auxquels il était aussi cher que le premier leur était odieux.

Les discours violens qu'Appius avait tenus dans le sénat étant parvenus à la connaissance du peuple, son exaspération s'en accrut ; elle fut bientôt portée à son terme par l'apparition, dans la place publique, d'un plébéien chargé de fers. Ses vêtemens étaient déchirés, son visage pâle et décharné, ses cheveux en désordre : malgré l'état où il se trouvait, des citoyens le reconnurent, et attestèrent qu'ils l'avaient vu combattre avec la plus grande valeur ; lui-même disait sous quels tribuns et sous quels consuls il avait servi ; il nommait la guerre qui, en l'empêchant une année de pouvoir cultiver son champ, était devenue l'origine de sa misère. Il ajoutait que l'usure l'avait ensuite livré à un créancier impitoyable, qui avait ordonné à ses esclaves de lui faire subir toutes sortes d'humiliations et de mauvais traitemens. Entr'ouvrant ses vêtemens, il montrait, à côté de cicatrices honorables, les marques plus récentes des coups de fouets qu'il avait reçus.

A cet aspect, une telle indignation s'empara des esprits, qu'Appius ne dut peut-être son salut qu'à une prompte fuite, et que Servilius, quoique aimé du peuple, en fut à peine respecté.

Cependant les Volsques étaient arrivés aux portes de Rome : Servilius, désigné par le sénat pour marcher à leur rencontre, déclare que toute action est suspendue contre les débiteurs qui feront la campagne, et qu'il s'engage à leur faire donner satisfaction entière, après que l'ennemi aura été repoussé.

Il sort alors suivi de presque tout le peuple, qui répugne à rester à Rome sous l'autorité d'Appius. Les Volsques sont battus, et tout le butin fait dans leur camp devient la récompense de leurs vainqueurs ; mais le consul se vit, par l'égoïste opiniâtreté du sénat, hors d'état de leur tenir la promesse qu'il leur avait faite relativement à l'abolition des dettes.

Alors le peuple voyant qu'il ne pouvait avoir de secours que de lui-même, se mit en devoir d'empêcher de vive force les arrestations qu'on voudrait faire à la requête des créanciers. Il fit plus : il défendit, contre les licteurs, un plébéien que les nouveaux consuls A. Virginius et T. Vétusius voulaient faire arrêter, parce qu'il refusait de donner son nom. Cependant les Volsques, soutenus des Sabius et des Èques, avançaient sur le territoire de la république. Le sénat, conformément à l'avis toujours rigoureux d'Appius, et contre celui de l'ex-dictateur Largius, de Servilius et de beaucoup d'autres, qui voulaient qu'on donnât satisfaction au peuple, eut recours à son expédient ordinaire : il créa un dictateur; mais la prudence l'engagea à le choisir parmi les sénateurs agréables aux plébéiens : ce fut Manius Valérius, consulaire septuagénaire. Ce magistrat vint à bout de former dix légions, en prenant solennellement, en son nom et en celui du sénat, le même engagement que Valérius; engagement que l'égoïsme des patriciens, renaissant après la victoire, le mit, comme ce dernier, dans l'impossibilité de remplir.

Il en conçut un chagrin amer, et abdiqua aussitôt la dictature. La plus grande partie des plébéiens, particulièrement ceux qui avaient eu part à la dernière guerre, prennent alors la résolution d'abandonner une patrie ingrate, et vont, sous la conduite d'un certain Sicinius Bellutus, camper à trois milles de Rome, sur une montagne appelée depuis le *mont Sacré*.

La terreur se répandit au sein du sénat. Appius et les plus exagérés de son parti y ouvrirent les avis les plus violens; mais la fermeté des consuls et l'éloquence de Valérius, sénateur issu du consul Publicola, de populaire mémoire, déterminèrent les patriciens à user de douceur envers les révoltés, et à entrer avec eux en négociation. En conséquence, on leur députa dix commissaires, en tête desquels on remarquait T. Largius, Menénius Agrippa, et M. Valérius, tous trois consulaires. Menénius Agrippa employa, pour les convaincre, l'apologue si connu de l'estomac et des membres du corps, et leur offrit, au nom du sénat, toute satisfaction au sujet des dettes, dont

on proclamerait une abolition générale ; mais un plébéien, appelé Lucius Junius, et qui ajoutait à ces deux noms le surnom de *Brutus*, prenant la parole, demanda quelle garantie le peuple aurait de la promesse du sénat, tant de fois violée ? « Je pro-
« pose, continua-t-il, comme condition
« essentielle d'une réconciliation sin-
« cère, l'établissement de magistrats
« plébéiens, chargés de soutenir les
« intérêts des pauvres citoyens de leur
« ordre. » Le sénat, après quelque hésitation, accorda encore une demande dont il se proposait bien d'éluder l'exécution : mais le peuple, afin que la garantie qu'il venait d'obtenir ne fût pas illusoire, ne voulut pas rentrer à Rome avant d'avoir élu les nouveaux magistrats et proclamé leur inviolabilité.

Telle fut l'origine du tribunat, l'an de Rome 260. Junius Brutus, et Sicinius Bellutus, suivant Denys d'Halycarnasse, et C. Licinius et Sp. Célius, selon Tite-Live, furent les premiers revêtus de cette dignité.

Peu de temps après, le peuple obtint encore deux nouveaux magistrats, qui devaient être tirés de son ordre comme les tribuns, auxquels ils étaient subordonnés. Leur principale fonction était d'avoir soin des édifices publics; on les nomma *édiles* (1).

Une guerre, qui survint contre les Volsques, attira sur un jeune patricien, depuis moins glorieusement célèbre, l'admiration de ses concitoyens. Ce jeune guerrier était C. Marcius, plus connu sous le surnom de *Coriolan*. La prise de Corioles, dont il tira ce surnom, et la défaite des Antiates qui accouraient au secours de cette ville, furent principalement dues à sa valeur. Son désintéressement ajouta à sa gloire; car d'un grand nombre de riches présens que lui offrait le consul Cornélius, il ne voulut accepter qu'un che-

* Du mot latin *ædes*, édifice.

val de guerre, et la liberté d'un ancien hôte de sa famille, qui se trouvait au nombre des prisonniers.

Les Volsques, cependant, reprirent les armes, et une famine affreuse sembla se liguer avec eux contre les Romains. Le peuple, qui l'attribuait aux accaparemens des patriciens, refusait de s'enrôler ; il laissa Coriolan sortir des murs, suivi seulement d'une poignée d'amis, de cliens et des citoyens les moins mutins : celui-ci n'en revint pas moins victorieux et chargé de butin. Cependant le peuple, qui ne l'aimait pas à cause de ses manières dures et hautaines, lui refusa le consulat. Coriolan était d'un caractère à ressentir vivement un tel affront, et à ne le pardonner jamais. On avait fait venir de Sicile une grande quantité de grains. Une partie de ces grains était due à la libéralité du roi ou tyran Gélon ; quelques sénateurs proposèrent d'en faire au peuple une distribution gratuite. Coriolan s'y opposa avec force ; il parla avec un mépris superbe de l'influence que le peuple prétendait exercer dans l'État, et de la puissance tribunitienne. Les tribuns citèrent le téméraire patricien à comparaître, comme ennemi public, devant l'assemblée du peuple, qui le condamna à un exil perpétuel, sans que son ordre, dont cependant il avait, dans son discours, interprété les sentimens, fît de grands efforts pour le défendre. Il sort aussitôt de la ville, indigné autant contre le sénat que contre les plébéiens. Il se retire chez les Volsques, va droit à la maison de leur général Tullus Attius, qu'il avait sujet de croire son ennemi personnel, s'assied au foyer domestique, lieu regardé comme sacré chez les anciens, se nomme, et propose d'unir son ressentiment à celui des Volsques, pour tirer des Romains une vengeance terrible. Les Volsques y consentent, trouvent un prétexte de rompre la paix, et divisent leurs forces en deux armées, dont l'une, commandée par

Coriolan, vient, après divers succès, camper à cinq milles de Rome. La terreur est alors dans cette ville; elle députe en vain, vers l'illustre exilé, ses sénateurs, ses prêtres mêmes; Coriolan demeure sourd à leurs prières, et n'accorde enfin la paix qu'aux larmes de sa mère. Des historiens ont écrit qu'il fut tué dans une sédition par les Volsques; d'autres, qu'il vécut dans une ville neutre jusqu'à un âge fort avancé.

L'année suivante prouva combien le succès dans la guerre dépend moins de la valeur des troupes que du talent des chefs qui les commandent. Les Volsques, soutenus des Herniques, mais n'ayant plus Coriolan à leur tête, sont battus, et les Èques ont bientôt le même sort. Ce fut alors qu'on entendit parler pour la première fois de *la loi agraire*, source de tant de divisions entre le sénat et le peuple. Il est encore incertain aujourd'hui si le consul Sp. Cassius, qui la proposa, eut en vue seulement l'intérêt du peuple, ou s'il la considérait comme un moyen de parvenir à la tyrannie; mais, avant de passer outre, il est nécessaire de dire quelle était cette loi et ce qui y avait donné lieu. Dans les commencemens de Rome, après avoir vendu une partie des terres conquises sur l'ennemi, on partageait le reste aux plus pauvres citoyens de la république, ou on les leur affermait moyennant une légère redevance, ou enfin l'on formait des communaux, où chacun avait le droit de faire paître ses troupeaux. Les patriciens, abusant de leur influence, avaient, dans la suite, conservé pour eux-mêmes les terres destinées au soulagement du pauvre peuple, s'étaient fait adjuger, au plus vil prix, celles qu'on devait lui donner à cens, et avaient envahi la plus grande partie des communaux limitrophes de leurs possessions. La nouvelle loi avait pour objet d'obtenir une enquête à l'égard de ces terres, et de restituer au peuple celles qu'on reconnaîtrait avoir été usurpées. Certes, jamais peut-être il n'avait été proposé de loi plus juste; mais les détenteurs des biens usurpés, arguant de leur longue possession, criaient à la spoliation. Ils s'opposaient même à ce qu'on prît des mesures pour empêcher à l'avenir un abus aussi intolérable; il semblait que les plébéiens ne dussent combattre et conquérir que pour eux. A peine Cassius fut-il sorti de charge, que le sénat détermina les questeurs à l'accuser de flatter le peuple, dans le but de l'amener à lui décerner la couronne; et les tribuns eux-mêmes, soit conviction, soit jalousie de l'influence que ce consulaire acquérait à leur préjudice, ayant appuyé la plainte des questeurs, il fut condamné à être précipité du haut de la roche Tarpéienne.

Les Romains livrèrent ensuite contre les Èques, les Volsques, les Véiens, plusieurs combats dont ils sortirent victorieux. Cependant les tribuns relevèrent la question de la loi agraire. Les Véiens et les Volsques ayant recommencé leurs incursions, le peuple employa contre le sénat, pour le forcer à lui accorder ce qu'il demandait, son arme habituelle, le refus de s'enrôler. Comme le pouvoir des tribuns ne s'étendait pas à plus d'un mille de la ville, les consuls transportèrent leur tribunal à la campagne, et donnèrent ordre de dévaster les terres de ceux qui ne répondraient pas à leur rappel. Cet expédient eut son effet. Le peuple accourut en foule sous les drapeaux et battit l'ennemi.

Les Romains eurent ensuite à soutenir, contre les Étrusques, une guerre longue et sanglante, dans laquelle la victoire ne fut pas toujours de leur côté, quoiqu'ils dussent finir par avoir tout l'avantage. L'an 277, trois cent six patriciens de la famille des Fabius, qui s'étaient chargés de soutenir, avec eurs cliens, la guerre contre les Véiens, furent, après d'éclatans succès, attirés dans une embuscade où ils périrent jusqu'au dernier. La porte par laquelle ils étaient sortis reçut le nom de *scelerata*, et l'on mit au nombre des jours *nefastes*, celui de leur héroïque défaite.

Les Étrusques, profitant de ce malheur de Rome, avaient osé s'avancer jusque sur le Janicule; mais s'étant retirés sans rien entreprendre, ils furent, l'année suivante, complétement défaits.

Les Véiens, toujours battus depuis leur succès contre les Fabius, furent enfin soumis par Manlius. Ils obtinrent une trêve de quarante ans. Manlius eut les honneurs de l'*ovation* ou petit triomphe.

Cependant un tribun, aussi opiniâtre qu'entreprenant, M. Génutius, avait de nouveau proposé la loi agraire; le peuple se flattait qu'elle passerait, et le sénat se proposait de s'y opposer de tout son pouvoir, lorsque, la veille du jour qui devait décider la question, le tribun fut trouvé mort dans son lit, sans que son corps offrît la trace d'aucune violence. La superstition vit dans cet événement un signe que les dieux étaient contraires à la nouvelle loi, mais l'impression qu'il fit dura peu; l'insolence et la dureté des patriciens, et la misère du peuple, l'effacèrent en peu de temps. Sur ces entrefaites, les consuls ayant voulu enrôler de force, comme simple soldat, un plébéien appelé Voléro, qui avait été centurion, cet homme, d'un caractère audacieux et l'un des plus braves guerriers de la république, invoque le secours des tribuns, et, sur leur silence, s'écrie avec force : « J'en ap-« pelle au peuple, puisque nos tribuns « aiment mieux laisser maltraiter un « citoyen que de s'exposer à être étouf-« fés dans leur lit comme Génutius. » On en vient aux mains; les consuls sont obligés de fuir. Pour mettre le centurion à couvert de leur vengeance, on le crée tribun du peuple; il n'y en pouvait point avoir de plus redoutable à l'autorité des grands. Voléro proposa de procéder au choix des *tribuns*, non par centuries, ainsi que cela se pratiquait alors, mais par tribus; et, comme le vote y avait lieu par tête, cette innovation rendit le peuple maître absolu des élections. La loi passa malgré l'opposition du sénat. Appius, qui l'avait combattue avec le plus de violence, éprouva combien il est téméraire de s'opposer au vœu d'une nation. Ayant été élu consul en même temps que Quinctius, il se vit abandonné de ses troupes, au moment où son collègue, moins odieux, battait l'ennemi. Appius fit de cette défection un châtiment terrible, en décimant son armée. Il ne tarda guère à être cité devant le peuple, et se donna la mort pour échapper au châtiment que lui eût sans doute attiré sa cruauté.

Les années suivantes furent signalées par plusieurs petites guerres contre les Èques, les Sabins et les Volsques.

L'événement le plus remarquable qu'elles fournirent, fut la prise d'Antimes, ville des Volsques. Comme la guerre avait détruit ou dispersé le plus grand nombre de ses habitans, les consuls offrirent aux plus pauvres des plébéiens, comme une compensation du refus qu'on faisait de leur partager les anciennes conquêtes, d'y aller demeurer; mais presque tous, habitués à la vie tumultueuse de Rome, où, par la part qu'ils prenaient aux séditions, chacun d'eux se regardait comme membre du souverain, refusèrent; aimant mieux demeurer pauvres, que d'aller chercher l'aisance loin de leur patrie.

Bientôt le tribun Térentillus demanda l'établissement d'un corps de lois fixes et connues de tous, pour servir de règle, tant dans le jugement des différends qui surviendraient entre les particuliers, que dans l'administration de la république. Jusqu'alors le sénat avait été en possession de décider arbitrairement de toutes les questions, ou, s'il suivait quelques règles, elles étaient inconnues au peuple. Jamais on n'avait élevé peut-être de demande plus juste que celle de Térentillus; cependant les patriciens ne rougirent pas de s'y opposer avec la plus excessive violence. Leurs efforts heureusement devaient être vains.

Profitant de la division qui régnait dans la ville, un sabin nommé Herdonius parvint à s'emparer du Capitole (l'an 293) : il en fut bientôt chassé. L'année suivante, les Èques et les Volsques, ligués contre Rome, furent battus; mais, dans une seconde campagne, ils renfermèrent l'armée romaine, commandée par Minutius, entre des défilés où elle eût été contrainte de se rendre, si Cincinnatus, nommé dictateur, ne fût venu la délivrer. Ce général, que les députés du sénat chargés de lui aller annoncer la dignité qui lui était déférée, trouvèrent labourant de ses mains le champ qui le nourrissait, battit complétement les ennemis, qui déjà célébraient leur victoire, et les fit tous passer sous le joug.

Le peuple en était venu à nommer cinq tribuns; il entreprit, en 297, de doubler ce nombre, et y réussit sans beaucoup d'opposition de la part des sénateurs, qui espérèrent, avec raison, y trouver l'avantage de diviser plus facilement ces magistrats. On releva avec moins de succès la question de la loi agraire. Cincinnatus, voyant que le peuple refusait encore une fois de s'enrôler, fit décider que les patriciens iraient seuls en campagne contre les Volsques. Des vétérans plébéiens, commandés par un des plus braves guerriers de la république, appelé Siccius, se joignirent aux troupes consulaires, et contribuèrent principalement à la victoire qu'on remporta.

Enfin la loi Térentilla, ainsi appelée de son auteur, passa, en 299, après une lutte de neuf ans entre le tribunat et les patriciens. Conformément aux dispositions qui y étaient contenues, des commissaires furent envoyés à Athènes, pour y recueillir les lois des plus sages législateurs de la Grèce.

Quand ces commissaires furent de retour, il s'éleva de nouvelles difficultés au sujet de l'élection de dix magistrats chargés de choisir dans les lois qu'ils avaient apportées et dans les anciens usages de Rome, tout ce qui pourrait convenir à l'état présent de la république afin d'en former un code. Les patriciens cherchèrent d'abord, sous différens prétextes, à différer la nomination de ces officiers ; ensuite ils demandèrent qu'on ne pût les tirer que de leur ordre. Le peuple, assez content d'avoir obtenu l'objet de ses instances réitérées, leur céda aisément ce point. Le premier élu fut Appius Claudius, d'une famille odieuse au peuple, mais que des vues ambitieuses portaient alors à le caresser ; les autres furent T. Génutius, L. Sestius, Véturius, C. Julius, A. Manlius, Ser. Sulpitius, Por. Curatius, T. Romilius et T. Posthumius, tous consulaires, qui avaient donné au sénat des gages de leur attachement à ses intérêts, mais qui, en revêtant leur nouvelle dignité, semblèrent se rapprocher de ceux du peuple. Il avait été décidé que, pendant l'année de leur autorité, les décemvirs (c'était le nom qu'on leur avait donné à cause de leur nombre) devaient administrer seuls la république; que toute autre magistrature serait suspendue, même celle des consuls et des tribuns. Ils convinrent ensuite entre eux d'exercer la présidence, chacun leur jour; les décemvirs s'acquirent bientôt l'estime et l'affection générale; jamais la justice n'avait été si exactement rendue et le peuple moins opprimé que sous leur gouvernement. Même, avant la fin de l'année, ils soumirent à l'examen du sénat et du peuple le recueil de lois qu'ils avaient été chargés de former. Ce recueil, ayant reçu la sanction des deux ordres, fut gravé sur dix tables de cuivre; cependant, quelques personnes ayant prétendu que, pour le rendre complet, il fallait encore y ajouter deux tables, on résolut unanimement de continuer une magistrature dont on avait tant eu à se louer. Des précédens décemvirs, Appius fut le seul réélu; car il avait eu l'art d'éloigner ses anciens collègues, et de s'en faire adjoindre de nouveaux, secrètement dévoués à ses vues. On les vit bientôt paraître sur la place publique, précédés, chacun, de douze licteurs armés de haches et suivis d'une foule d'hommes sans mœurs, la honte et, dans cette circonstance, la terreur de leur patrie. La suite ne démentit point de tels commencemens: les décemvirs exercèrent les actes les plus tyranniques. S'étant continués d'eux-mêmes dans leur charges, ils forcèrent le peuple à s'enrôler et à marcher contre les Èques et les Sabins; mais les

Romains, si braves quand ils combattaient sous des généraux de leur choix, lâchèrent le pied dès qu'ils aperçurent l'ennemi; moins honteux de fuir que de vaincre au profit de la tyrannie. L'autorité des décemvirs était abhorrée; on leur attribuait la mort du brave Siccius, dont il a été question, assassiné dans une embuscade; mais ce qui donna lieu à la haine publique d'éclater, ce fut la lubricité d'Appius, qu'on pouvait considérer comme leur chef. Ce patricien devint amoureux d'une jeune fille appelée Virginie, fiancée à Icilius, qui avait été tribun du peuple. Ayant vainement tenté de la séduire, il ordonna à l'un de ses cliens, nommé Claudius, de la revendiquer, comme née d'une de ses esclaves, et, étant lui-même juge de tous les différends, il la lui adjugea facilement. Comme cet arrêt inique se rendait sur la place publique, le peuple, touché des larmes de la jeune fille et excité en outre par Icilius, prit si vivement ses intérêts que le décemvir permit qu'elle demeurât libre sous caution jusqu'au lendemain, que Claudius offrait de produire des témoins de ce qu'il avançait. Pendant ce temps, Virginius, père de la jeune fille, l'un des plus braves soldats de la république, prévenu par son frère Numitorius, arrivait pour prendre sa défense; mais il ne pût empêcher Appius de confirmer son jugement de la veille. Alors il demande au tyran une seule grâce, celle d'entretenir un instant sa fille, avant d'en être séparé pour toujours. L'ayant tirée à l'écart, il se saisit sur une boutique d'un couteau de boucher, le lui plonge dans le sein, puis montrant à Appius le sang qui jaillit à gros bouillon de la blessure qu'il vient de faire : « C'est par ce sang pur et chaste, lui « crie-t-il, que je dévoue ta tête aux « dieux infernaux. » Il disparaît aussitôt, va droit au camp qu'il a quitté, et associe les troupes qu'il renferme à ses projets de vengeance. Numitorius et Icilius en font autant auprès de l'autre armée (les décemvirs avaient divisé en deux camps les forces de la république), tandis que les patriciens Horatius et Valérius propagent l'insurrection au sein de la ville même. Appius et ses collègues, après de vains efforts pour retenir le pouvoir, sont contraints d'abdiquer. On remarqua que deux fois Rome avait été sous le joug de la tyrannie, et que deux fois l'impudicité de ses tyrans et le trépas de leurs victimes étaient devenus l'occasion de sa liberté.

Virginius, son frère, et Icilius, sont portés au tribunat par la faveur du peuple. Ils assignent à comparaître devant lui Appius et ses collègues, qui, poursuivis et emprisonnés, se donnent presque tous la mort pour éviter l'ignominie du supplice. Néanmoins les deux tables de lois qu'ils ont faites, quoique remplies de dispositions tyranniques et défavorables au peuple, sont adoptées et complètent le code connu dans l'histoire sous le nom de *loi des douze tables*.

Valérius et Horatius, les deux premiers consuls qui succédèrent aux décemvirs, étendirent, par plusieurs édits, la puissance populaire. Ils vainquirent ensuite, le premier les Èques, le second les Sabins. Le sénat, par haine des actes de leur administration, leur refusa le triomphe; mais le peuple, plus juste, s'arrogeant une autorité qu'il n'avait point exercée encore, le leur décerna.

Dans les années qui suivirent, les Romains, ou furent en paix au dehors, ou n'eurent à repousser que de légères incursions, plus semblables à des escarmouches qu'à des guerres. Ils gagnèrent cependant, contre les Èques et les Volsques, une bataille sanglante. Au dedans, il y avait toujours des divisions, causées par l'opiniâtreté des nobles à soutenir ce qu'ils appelaient leurs droits. On avait beau leur prouver que ces prétendus droits n'étaient que des usurpations, ils prenaient toutes sortes de subterfuges pour se soustraire à la puissance des raisonnemens. S'il s'agissait d'anciennes constitutions, elles avaient, disaient-ils, été établies sous les auspices les plus inviolables : on voit que ce n'est pas d'aujourd'hui que les abus cherchent à se couvrir d'une égide religieuse.

Sur ces entrefaites, le sénat se déshonora par un jugement d'une iniquité remarquable. Il s'appropria un terrain que se disputaient les Ariciens et les Ardéates, et au sujet duquel ces peuples, trop confians, l'avaient pris pour arbitre.

Nous avons dit que les lois, contenues dans les deux dernières des douze tables, n'étaient rien moins que favorables au peuple : l'une d'elles défendait le mariage des nobles avec les plébéiens. Le tribun du peuple, Canuléius, résolut tout à la fois de la faire rapporter et d'obtenir l'admissibilité des plébéiens à la première charge de la république. Il ne réussit, après une vive opposition de la part du sénat, que dans la première partie de son entreprise.

Cependant les troubles continuaient : le peuple demandait instamment des consuls tirés de son sein. Le sénat, fort embarrassé, offrit de créer, à la place des consuls, des tribuns militaires ayant la même autorité, mais en nombre supérieur. Le peuple accéda volontiers à cette proposition, considérant moins le nom de la dignité qu'on leur accordait que l'autorité qui y était attachée. Le sénat, au contraire, y voyait l'avantage d'affaiblir le nouveau pouvoir en le divisant, et de conserver, en outre, dans son ordre, une magistrature illustrée par trois siècles de victoires, si le tribunat militaire ne prenait pas racine, ainsi qu'il arrive presque toujours aux institutions improvisées. Cependant, long-temps encore, la force de l'habitude et les intrigues des grands empêchèrent les plébéiens d'être élevés à la nouvelle dignité. Après un mois d'exercice, les tribuns militaires, qu'on avait nommés au nombre de trois seulement, tous patriciens, abdiquèrent et furent remplacés par des consuls. Il y eut dès-lors entre ces deux magistratures une sorte d'alternative; le sénat voulant toujours qu'on élût des consuls, et le peuple des tribuns.

L'année suivante (310), on institua la censure, qui, d'abord, n'avait pour objet que de recueillir le *cens*.

Les dissensions continuaient toujours dans Rome, entre le sénat et le peuple : la famine et la peste s'y joignirent (314). Un riche chevalier romain, appelé Mœlius, vint, autant qu'il lui fut possible, au secours du peuple, en lui faisant distribuer du blé à ses frais. Mais on apprit bientôt qu'il faisait en outre transporter chez lui, la nuit, une grande quantité d'armes; il fut soupçonné d'aspirer à la tyrannie, et le danger parut assez grand pour motiver la création d'un dictateur (Quintius Cincinnatus). Mœlius, cité devant lui, ayant refusé de comparaître, fut tué au milieu de la foule, dans laquelle il s'imaginait trouver un refuge, par le général de la cavalerie, Ahala Servilius.

Les tribuns éclatèrent avec raison contre cette exécution despotique, accomplie sans aucunes des formalités établies par les lois, et qui, même en admettant que le crime de Mœlius fût indubitable, transformait un acte de justice en un véritable assassinat.

Les trois années suivantes, les Fidénates, unis aux Véiens, opposèrent aux Romains assez de résistance pour les obliger à nommer successivement deux dictateurs : ils furent vaincus cependant, et la capitale des premiers fut prise.

Les années suivantes furent signalées par quelques troubles domestiques, ou des guerres de peu d'importance. En 322, les Volsques et les Èques furent complétement défaits par Posthumius

Tubertus, dictateur, qui triompha. Les Véiens les vengèrent en 327, en battant les Romains, commandés par trois tribuns militaires.

Émilius, élu dictateur, rétablit les affaires de sa patrie; mais à peine les Véiens furent vaincus, que les Volsques leur succédèrent, et faillirent presque détruire toute l'armée romaine, grâce aux mauvaises dispositions et à la témérité de son chef, le consul Sempronius. Tempanius, simple décurion de cavalerie, rétablit le combat par son courage, qu'il sut inspirer à ses compagnons. Généreux autant que brave, Tempanius, devenu tribun du peuple, s'opposa à ce qu'on mît Sempronius en jugement.

L'an 332, on doubla le nombre des questeurs, qui, jusqu'alors, n'avait été que de deux. Ces magistrats, qu'on devait prendre indifféremment dans les deux ordres, furent, ainsi que les tribuns militaires de cette année, choisis parmi les plébéiens.

Une conspiration d'esclaves, facilement étouffée, et la guerre contre les Laviquans et les Èques, furent les seuls événemens un peu importans jusqu'en 337, que les tribuns du peuple, Mécilius et Métilius, renouvelèrent la proposition de la loi agraire. Le sénat déjoua leurs projets en gagnant, par ses flatteries et par ses largesses, six des dix tribuns. C'était beaucoup plus qu'il n'en fallait, puisqu'un seul, par ce mot : *veto* (je m'oppose), pouvait arrêter toute délibération.

Deux ans après, le consul Posthumius, chargé de la guerre contre les Èques, fut tué dans une émeute par ses propres soldats, qu'il avait indisposés en les frustrant, malgré sa promesse, du butin fait dans la ville de Voles, et qu'il exaspéra ensuite en voulant en faire noyer plusieurs sous la claie. Les auteurs de la sédition furent punis du consentement des deux ordres, malgré la cruauté reconnue du consul; tant le respect de la discipline dominait dans le cœur des Romains !

La peste et la famine affligèrent encore une fois la ville (l'an 341). Il y eut beaucoup de brigues de la part des grands, pour s'opposer aux entreprises des tribuns du peuple, parmi lesquels on voyait à la fois trois Icilius.

On fit ensuite quelques guerres peu mémorables. Le sénat proposa de donner une solde aux troupes, au moyen d'un impôt dont personne ne serait exempt.

Cette innovation permit aux Romains de faire, en forme, le siége de Véies. Cette ville ne fut prise qu'au bout de dix ans, au moyen d'une mine que Camille, élu dictateur, fit creuser sous ses remparts. Pendant ce long intervalle, les Romains eurent à combattre, outre les assiégés, divers petits peuples qui tentèrent de les secourir, et le firent quelquefois avec succès.

Un tribun proposa alors de diviser le sénat et le peuple en deux parties, dont l'une irait habiter Véies. Cet avis, accueilli d'abord par le peuple avec de grandes acclamations de joie, fut pourtant rejeté.

Le dictateur vainquit ensuite les Falisques et reçut la soumission de leur capitale, tandis que les consuls Émilius et Posthumius battaient les Èques en bataille rangée.

Camille, déjà peu aimé du peuple, dont il affectait de dédaigner la faveur, s'attira tout-à-fait sa haine en l'obligeant de rapporter le dixième du butin de Véies, pour satisfaire au vœu qu'il avait fait avant la prise de cette ville de le consacrer à Apollon; vœu qu'il avait oublié depuis. Cet oubli n'était guère vraisemblable; on pouvait penser que c'était un prétexte concerté avec le sénat pour lever sur le peuple la dîme de ce que lui avaient produit les fatigues de dix campagnes. Les tribuns reprochaient au dictateur de conserver chez lui des portes d'airain qui n'avaient pas une autre source que le butin redemandé au peuple. Ils l'accusèrent en outre sur quelques autres chefs. Camille, pour se soustraire à la honte d'une condamnation, s'exila volontairement.

De jeunes patriciens, que le sénat avait députés aux Gaulois pour les engager à se désister de l'attaque de Clusium, prennent hautement parti pour les habitans de cette ville, et attirent ainsi à leur patrie un ennemi redoutable. Les Romains, trop fiers pour lui donner raison de l'injure que leurs ambassadeurs lui ont faite, s'avancent, dans le but de le combattre, jusqu'à la rivière d'*Allia*. Mais leur centre ayant d'abord été rompu, ils se retirent avec tant de peur et dans un tel désordre, que le plus grand nombre s'enfuit dans les villes voisines, au lieu de rentrer dans Rome, qui n'était éloignée que de soixante stades. Les barbares trouvèrent la ville sans défense, et seulement occupée par un petit nombre de sénateurs et de pontifes qui, revêtus des insignes de leur dignité, attendaient que le fer ennemi les arrachât au chagrin de voir l'asservissement et la ruine de leur patrie. La jeunesse romaine et le plus grand nombre des sénateurs retirés dans le Capitole s'y défendirent avec courage, et forcèrent les Gaulois à former un siége en règle. Une nuit, Brennus (c'était le nom du chef de l'armée gauloise) faillit à les surprendre en gravissant, dans le plus grand silence, à un endroit regardé comme inaccessible, le rocher sur lequel s'élevait le temple; mais Manlius, jeune patricien, s'étant éveillé (les historiens disent aux cris de quelques oies consacrées à Junon), sauta à ses armes et soutint l'effort des assaillans, jusqu'à ce que l'arrivée de plusieurs de ses compagnons lui assurât la victoire. Brennus, désespérant de forcer les Romains dans leur forteresse, les admit à capituler. On convint de lui donner mille livres d'or pour la rançon de la ville ; mais Camille, qu'on avait nommé dictateur, et qui, avec les débris de la bataille d'Allia retirés à Véies et dans les autres villes voisines, avait défait les fourrageurs de l'ennemi, arriva pendant qu'on pesait cet or, et, en sa qualité de chef suprême, fit rompre la négociation. Il vainquit ensuite les Gaulois dans deux batailles successives, et reçut du sénat et du peuple, repentant de sa sévérité à son égard, le titre si bien mérité de restaurateur de Rome.

On renouvela alors au peuple la proposition d'aller, en masse, habiter Véies; mais il aima mieux prendre la peine de rebâtir à Rome ses maisons et les temples de ses dieux, que d'aller en chercher de tout construits sur une terre étrangère, tant l'affection pour le sol natal a de puissance sur les cœurs!

Une ligue de plusieurs peuples, éternels ennemis des Romains, s'apprêtèrent à les attaquer, avant qu'ils se fussent rétablis de l'échec qu'ils avaient reçu; mais Camille les vainquit, et termina tout aussi heureusement une autre guerre moins redoutable qui s'éleva presque aussitôt après. Cependant les succès de ce grand homme excitèrent l'envie de Manlius *Capitolinus*, ainsi surnommé pour le courage héroïque avec lequel il avait défendu le Capitole. Cette envie, disent les historiens, le porta à employer de coupables moyens pour s'élever par la faveur du peuple au-dessus d'un rival qu'il ne pouvait surpasser en mérite. Le sénat l'accusa d'aspirer à la tyrannie, peut-être parce qu'il osait attaquer la sienne; et, malgré ses services, le peuple, gagné ou intimidé par les patriciens, le condamna à être précipité du haut de ce Capitole d'où il avait lui-même precipité l'ennemi de la patrie. Aussi prompt à se repentir qu'à sévir, le peuple ne tarda guère à déplorer son ingratitude, à laquelle il attribua une peste qui survint peu de temps après.

Des incursions de la part des Volsques, des Circéiens, des Prénestiens, renouvelées pendant plusieurs années, fournirent aux Romains de nouvelles occasions de vaincre.

Une armée de Vélitriens et de nouvelles hordes de Gaulois furent successivement battues ; celles-ci par Camille, élu dictateur à l'âge de quatre-vingts ans. Mais un événement plus important se passait au dedans de Rome. Les tribuns du peuple, Lucius Sextius et Licinius Stolon, proposèrent simultanément trois lois sur chacune des questions qui avaient jusqu'alors divisé les patriciens et les plébéiens. La première déduisait du capital des dettes les intérêts exorbitans ; la seconde fixait à cinq cents arpens la quantité de terre qu'un particulier pourrait posséder, et ordonnait que le surplus serait distribué aux plus pauvres citoyens ; la troisième, abolissant le tribunat militaire, rétablissait la domination exclusive des consuls, à condition que l'un de ces magistrats serait toujours pris dans le sein du peuple. Ces lois passèrent (en 386), malgré l'opposition la plus vive. Pour dédommager les patriciens, on créa la préture, magistrature qui leur fut exclusivement réservée.

La peste répandit bientôt la désolation dans Rome : elle enleva Camille à l'âge de quatre-vingt-dix ans. Un gouffre, disent les historiens, s'ouvrit au milieu de la ville. M. Curtius, dans le but d'apaiser la colère divine, s'y précipita tout armé, donnant ainsi, tout à la fois, la preuve d'une grande superstition et d'un généreux courage.

Une guerre contre les Herniques, commencée d'abord malheureusement, se termina à l'avantage des Romains. Ils eurent bientôt à combattre les Tiburtins, soutenus des colonies gauloises. Ce fut pendant cette guerre que le jeune Titus Manlius, déjà célèbre par un trait de piété filiale, reproduit dans toutes les histoires *, tua, dans

* Il avait forcé, le poignard sur la gorge, un tribun du peuple à renoncer à l'accusation

un combat singulier, un Gaulois d'une taille colossale, et reçut le surnom de *Torquatus* (c'est-à-dire paré d'un collier), à cause d'un collier d'or, dépouille glorieuse enlevée à l'ennemi qu'il avait terrassé.

Les Gaulois armèrent encore plusieurs années, mais ils furent toujours battus. Il en fut de même des Tiburtins, des Tarquiniens et des Cérètes, qui se déclarèrent successivement contre Rome. Les généraux les plus remarquables, employés contre ces différens peuples, furent L. Sulpicius, Fabius, Titus Quintius, et Manlius Torquatus, élu dictateur contre les Cérètes.

Marcus Valérius, qui, à l'exemple de Manlius Torquatus, avait tué, en combat particulier, un Gaulois qui semblait défier toute l'armée romaine, ayant été nommé consul, battit les Volsques, et conduisit plus de quatre

qu'il avait intentée contre son père *Manlius Imperiosus*.

mille prisonniers devant son char de triomphe. Une querelle avec les Samnites, au sujet du territoire de Capoue, qui, pour s'exempter du joug de ces peuples, s'était donnée aux Romains, alluma une guerre plus terrible. Les consuls Valérius et Cornélius battirent d'abord ces nouveaux ennemis. Un tribun légionnaire, nommé Décius Mus, contribua puissamment à leur victoire, par un courage digne de celui de Tempanius.

Les Samnites, soutenus des Pivernates, reprirent les armes, qu'ils furent bientôt contraints de poser. Alors commença cette lutte sanglante connue dans l'histoire sous le nom de *guerre latine*, parce que les Latins y eurent la principale part. Les Romains eurent enfin l'avantage, mais non sans se l'être vu disputer vivement. Ce fut dans cette guerre que Manlius donna l'exemple d'une sévérité horrible, en faisant mourir son propre fils pour avoir combattu sans son ordre, et que le consul

Décius, pour ranimer le courage chancelant de ses troupes, se précipita au milieu des ennemis *en se dévouant aux dieux infernaux.*

On vit se succéder ensuite des expéditions plutôt que des guerres, à la suite desquelles on accorda à plusieurs villes le droit de bourgeoisie romaine.

Une nouvelle levée de boucliers, de la part des Sannites, obligea les Romains à nommer dictateur Papyrius Cursor, qui pardonna à peine à son général de la cavalerie, Fabius Rutilianus, d'avoir défait l'ennemi sans son ordre et en son absence. Il le battit lui-même une seconde fois; mais Pontius, l'un de ses chefs les plus habiles, ayant à quelque temps de là renfermé l'armée romaine dans des défilés appelés *les fourches caudines*, ne lui permit d'en sortir qu'après l'avoir fait passer tout entière sous le joug. Le père de Pontius, consulté auparavant par ce général, avait fait répondre qu'il fallait ou tuer tous les Romains jusqu'au dernier, ou les renvoyer, sans les humilier, dans leur patrie, afin, ou de les affaiblir par la mort d'un si grand nombre des leurs, ou de les lier par la reconnaissance; tout terme moyen étant dangereux. L'événement justifia sa prévision. Le sénat, indigné, refusa de ratifier la capitulation des consuls. Les Romains levèrent de nouvelles troupes et forcèrent le vainqueur à subir l'humiliation qu'il leur avait imposée. La guerre, interrompue par une trève de deux ans, se renouvela bientôt; mais les Samnites n'y eurent plus aucun avantage, et furent battus dans toutes les occasions. C'est ici le lieu de faire remarquer le peu de foi qu'on doit ajouter aux historiens romains. Ils prétendent que les Samnites perdirent trente mille hommes dans une seule bataille ce qui suppose presque autant de soldats qu'en pourrait fournir aujourd'hui l'Italie entière, quoique le Samnium n'en renfermât qu'une bien petite partie. Nous verrons plus d'une fois, dans la suite, la même exagération se renouveler au sujet de plusieurs petits États moins considérables que ne le furent, dans un temps plus rapproché de nous, la république de Lucques, et tant d'autres villes de la même contrée qui pourtant ne purent jamais mettre dix mille hommes sous les armes.

C'est ainsi que, peu de temps après cette défaite des Samnites, on fait livrer aux Étrusques une bataille dans laquelle on leur tua soixante mille hommes.

Vers cette époque, le censeur Appius Claudius, aussi favorable au peuple que ses ancêtres lui avaient été contraires, octroya à plusieurs de ses membres la dignité de sénateur. Rome lui dut un aqueduc magnifique et la fameuse *voie Appienne*.

Pendant un espace de onze années, les Romains firent, avec avantage, diverses guerres contre les Herniques et les Èques, contre les Étrusques et les colonies gauloises, et surtout contre les Samnites. Ceux-ci résolurent (en 460) de faire un dernier effort; ils levèrent, disent les historiens, soixante mille soldats d'élite, qui, presque tous, se dévouèrent aux dieux infernaux, et firent serment de tuer quiconque d'entre eux prendrait la fuite. Ces précautions ne les empêchèrent pas d'être battus par les consuls Papyrius et Carvilius. Ils demandèrent alors la paix, qu'on leur accorda.

Il s'éleva, au sujet des dettes, de nouveaux troubles, que le consul Q. Fabius Maximus termina par quelques concessions favorables à la puissance du peuple. Les Gaulois et les Samnites occupèrent ensuite les Romains au dehors; mais un champ plus vaste allait s'ouvrir à leurs armes.

Les Tarentins, ayant osé insulter le nom romain, en avaient été promptement punis par le consul Emilius. S'apercevant alors qu'ils avaient eu plus de présomption que de forces, ils appelèrent à leur secours Pyrrhus, roi d'Épire, prince éclairé, brave, actif, mais, par-dessus tout, ambitieux. Les Romains, vaincus d'abord (l'an 473) près d'Héraclée, dans une bataille dont le gain fut principalement dû aux éléphans que le monarque grec avait dans son armée, résistèrent mieux l'année suivante. Pyrrhus, après de vains efforts pour gagner le peuple par des procédés généreux, et séduire les généraux et le sénat par l'appât de l'or, passa en Sicile pour y secourir les Syracusains contre les Carthaginois, revint ensuite en Italie se faire battre près de Bénévent par le consul Curius, et retourna enfin dans ses États, où il nourrissait le projet d'une nouvelle expédition contre Rome, lorsqu'il fut tué, vers l'an 481.

Rome, à l'exception de quelques légères guerres contre les Brutiens, les Lucaniens, les Samnites, contre une de ses colonies, fut paisible depuis la retraite de Pyrrhus jusqu'au temps de la première guerre punique (1).

Cette guerre commença au sujet d'une ville de Sicile, nommée Zancle (depuis Massane), qui, assiégée par Hiéron et par les Carthaginois, implora, par ses ambassadeurs, le secours du peuple romain. Le consul Appius, qu'on lui envoya, remporta sur les assiégeans une victoire signalée. Ce premier succès fut suivi d'un grand nombre d'autres qui détachèrent Hiéron de l'alliance des Carthaginois. En quelques années toute la Sicile fut soumise aux Romains, à l'exception des côtes que, faute de vaisseaux, ils ne pouvaient attaquer. L'industrie d'un de leur concitoyens leur fournit le moyen de se mesurer, sur la mer même, avec un peuple dont elle était pour ainsi dire l'élément. Duillius fit construire en moins

* C'est-à-dire avec Carthage. *Punicus*, en latin, signifie Carthaginois.

de deux mois, sur le modèle d'une frégate carthaginoise, échouée aux attérages d'Italie, une flotte avec laquelle il vainquit celle des Carthaginois. Pour rendre inutile la légèreté des bâtimens ennemis et l'habileté de leurs rameurs, il avait inventé une espèce de croc, appelé *corvus*, au moyen duquel il y attachait les siens; de sorte qu'en baissant un pont-levis on combattait de pied ferme et de près comme sur terre. Les Romains étendirent alors rapidement leurs conquêtes. La Sicile, la Sardaigne, la Corse reconnurent leur pouvoir. Régulus et Manlius remportèrent sur les deux amiraux carthaginois, Amilcar et Hannon, une victoire navale qui leur ouvrit le chemin de l'Afrique, où ils débarquèrent. Régulus, qui y resta seul, gagna des batailles, prit plus de deux cents villes, et parut aux portes de Carthage. Cette ville, épouvantée, implora la paix; mais, ne pouvant l'obtenir qu'à des conditions excessivement rigoureuses, elle ne chercha plus de ressources que dans la résistance : elle s'adressa aux Lacédémoniens, qui lui envoyèrent un de leur meilleurs généraux, nommé Xantippe, avec quelques troupes et des éléphans de guerre. Sous ce nouveau chef, les Carthaginois furent vainqueurs, et firent même prisonnier le général de l'armée romaine. La guerre continuant toujours, ils le députèrent au sénat de sa patrie, pour traiter de l'échange des captifs, après lui avoir fait promettre, sous serment, de revenir en cas de non succès reprendre ses fers, et lui avoir en outre donné à entendre que le traitement qu'on lui ferait éprouver à son retour dépendait de l'issue de sa négociation. Régulus, ne considérant que l'intérêt de sa patrie, fit tout ce qu'il put pour la faire échouer ; et, après y avoir réussi, reprit, pour satisfaire à son serment, malgré les instances de sa famille et de ses amis, la route de Carthage, où il mourut, disent les historiens, dans les plus cruels tourmens. Que le supplice de ce Romain, que quelques critiques ont révoqué en doute à cause de sa barbarie, soit vrai ou faux, son dévouement patriotique n'en a pas moins droit à l'admiration de ceux qui savent apprécier le courage de la vertu.

Les Romains continuèrent à vaincre les Carthaginois, tant dans leur pays qu'en Sicile; mais presque tout le butin qu'ils firent sur un ennemi si opulent fut englouti par les flots dans la traversée des côtes d'Afrique à celles d'Italie, avec les nombreux vaisseaux qui le portaient. Ce malheur dégoûta pour quelque temps les Romains d'avoir des flottes considérables, et nuisit à leurs succès.

L'an 500, Tib. Coruncanius, intègre plébéien, fut élevé au souverain pontificat. Il y avait déjà plus d'un siècle qu'un autre plébéièn, C. Martius Rutilus, avait, malgré les brigues des patriciens, été nommé dictateur.

Un échec considérable, que les Carthaginois éprouvèrent en Sicile (en 503), fut compensé un an après par une grande victoire navale qu'ils remportèrent sur le consul Claudius Pulcher. Les affaires des Romains n'allèrent guère mieux sur terre les années suivantes; mais, enfin, en 511, ils gagnèrent, près des îles Égates, sous la conduite du consul Lutatius, une bataille navale si décisive, qu'elle réduisit les Carthaginois à demander la paix. Elle se fit à des conditions avantageuses aux Romains, après vingt-trois ans d'une lutte sanglante.

La destinée de Rome n'était pas de demeurer long-temps en paix. Elle eut bientôt à réprimer une révolte des Falisques, et des incursions de la part des Gaulois et des Liguriens. Cependant, l'an 518 s'étant ouvert sous des auspices paisibles, on ferma, pour la première fois depuis Numa, le temple de Janus. On le rouvrit l'année suivante, à l'occasion d'une nouvelle guerre contre les Liguriens, qui furent vaincus comme dans la première.

Les années suivantes furent signalées par une guerre contre les Illyriens, qui, après avoir attaqué les vaisseaux de la république, avaient massacré ses ambassadeurs. Ces peuples, battus à diverses reprises, se reconnurent tributaires de leurs vainqueurs.

Les Insubriens et les Gésates, peuples d'origine gauloise, étant entrés en Étrurie, battirent un proconsul romain; mais ils furent défaits par les consuls Attilius et Æmilius, qui en tuèrent quarante mille; cependant ils ne furent soumis qu'en 531 par le consul Marcellus, qui fit de leur pays une province romaine. L'année suivante vit le commencement et la fin d'une guerre contre les Istriens.

Cependant, le sénat carthaginois cherchait un prétexte de rompre la paix que les Romains lui avaient, pour ainsi dire, imposée. Il ordonna à l'un de ses généraux de mettre le siége devant Sagunte, ville espagnole, alliée de la république. Ce général était Annibal, nourri, par son père Amilcar, dans la haine du nom romain, auquel il devait être si redoutable.

Les Romains, voulant mettre le bon droit de leur côté, envoyèrent des ambassadeurs à Carthage, pour demander raison de cette attaque indirecte. Pendant cette démarche, accordée à la politique, les malheureux Saguntins, se voyant sur le point d'être forcés, formèrent un bûcher de leurs meubles et de leurs richesses, et se précipitèrent au milieu des flammes, invoquant sans doute la vengeance des dieux contre des alliés qui apportaient, à les secourir, une lenteur si coupable.

Annibal, alors, sans s'arrêter, marche droit aux Pyrénées, traverse ces montagnes, remonte le Rhône jusqu'à Vienne, et franchit les Alpes à la tête d'une multitude innombrable de Carthaginois, de Numides, d'Espagnols et de Gaulois, qui, comme un torrent, se précipitent dans les fertiles contrées de l'Italie.

Le consul Scipion, père de celui qui devait se rendre si célèbre par la prise de Carthage, fut le premier qui éprouva le courage de ces barbares et la fortune de leur chef, dans une bataille, près du lac Tésin. Le jeune Scipion eut l'honneur d'y sauver la vie de son père, entouré par un gros d'ennemis.

Le second consul, Sempronius Longus, ayant rallié les débris de la bataille du Tésin, éprouva une défaite non moins complète sur les bords de la Trébie.

Annibal, après avoir traversé l'Apennin au milieu de l'hiver le plus rigoureux, vainc, pour la troisième fois, les Romains, qui l'attendaient sur les bords du lac Trasimène.

Quintus Fabius, consulaire d'une grande réputation de talens et de courage, qu'on mit à la tête des troupes, avec le titre de dictateur, pensa, avec raison, que, dans l'état de découragement où elles se trouvaient, le seul moyen de les employer avec avantage était de ne point les engager en rase campagne avec un ennemi auquel une succession d'éclatantes victoires donnait un grand sentiment de ses forces. Mais sa prudence fut blâmée par des hommes moins circonspects, auxquels les soldats et le peuple n'étaient que trop portés à accorder leur confiance. Minutius, général de la cavalerie, s'étant, par ses brigues, fait égaler en pouvoir au dictateur, allait procurer à Annibal une quatrième victoire aussi complète que les précédentes, si Fabius ne l'eût généreusement secouru. Ayant dès-lors repris le souverain commandement, le dictateur vint à bout de resserrer son ennemi dans des défilés dont il paraissait impossible qu'il sortît autrement que désarmé. Mais le rusé Carthaginois, ayant fait attacher des fagots de sarment, qui se trouvaient en abondance dans son camp, aux cornes d'une grande quantité de bœufs, ordonne d'y mettre le feu dès que la nuit sera venue. Les bœufs, rendus furieux par la douleur que la flamme leur fait éprouver, se répandent sur les montagnes voisines au milieu des cohortes romaines, et par le désordre qu'ils y jettent, fournissent aux Carthaginois le moyen de sortir du mauvais pas où ils se trouvent engagés.

On prêta encore une fois l'oreille aux envieux de Fabius; on le remplaça, l'année suivante, par deux consuls, Varron et Æmilius Paulus. Le premier attaqua les Carthaginois près du village de Cannes, contre le sentiment de son collègue, qui pourtant se vit forcé de le suivre. Jamais victoire ne fut plus complète que celle que remporta Annibal. Les chevaliers romains jonchèrent en si grand nombre le terrain où s'était donné le combat, que le vainqueur envoya à Carthage deux boisseaux d'anneaux d'or enlevés de leurs doigts. La terreur fût à son comble dans Rome; mais Annibal, au lieu de marcher aussitôt vers cette ville comme le lui conseillait un de ses lieutenans, qui lui *répondait de le faire souper le soir même dans le Capitole*, prit le chemin de Capoue, et, par un séjour prolongé dans cette ville, mérita le reproche si connu que lui fit le même officier : *de savoir vaincre, sans savoir profiter de la victoire.*

Les Romains eurent le temps de respirer : des nouvelles favorables qu'ils reçurent d'Espagne, où les deux Scipion qu'on y avait envoyés avaient défait Asdrubal, leur rendirent quelque courage. Ils armèrent leurs vieillards, et jusqu'aux esclaves. De jeunes patriciens, animés par Scipion, qui les avait empêchés d'abandonner l'Italie, comme ils en avaient formé le dessein, firent des levées dans la campagne. A la tête de ces nouvelles troupes, le prudent Fabius contint et harcela quelque temps l'ennemi; Marcellus, plus entreprenant, le battit. T. Manlius et ce même Marcellus enlevèrent bientôt aux Carthaginois, le premier la Sardaigne, le second Syracuse * et une partie de la Sicile. Malheureusement les deux Scipion, trahis en Espagne par une partie de leurs alliés, éprouvèrent une défaite à laquelle ni l'un ni l'autre ne survécut.

Cependant Annibal se maintenait toujours en Italie. Il s'était même récemment emparé de Tarente, au moyen d'un stratagème. Après avoir tenté vainement de jeter des secours dans Capoue, il se dirigea vers Rome; mais il ne tarda pas à s'en éloigner, comme si les murailles de cette ville lui eussent inspiré plus de crainte que ses armées. Il remporta bientôt sur

* Ce fut dans le sac de cette ville que périt Archimède, qui l'avait long-temps défendue par son génie. Marcellus regretta beaucoup cet illustre géomètre, dont il avait ordonné de respecter les jours.

Fulvius une victoire qui coûta la vie à ce consul et à treize mille Romains. Il battit ensuite Marcellus lui-même, qui, cependant, par une victoire signalée, reprit sur lui l'avantage.

La lutte de Rome et de Carthage ébranlait la Grèce même, où Philippe, roi de Macédoine, combattait, avec des succès variés, pour la cause de cette dernière ville.

Marcellus avait péri dans une embuscade, mais il restait Fabius, qui prit Tarente. Les consuls Claudius Néro et M. Livius, ayant su qu'Asdrubal, frère du vainqueur de Cannes, s'avançait à son secours avec une armée nombreuse, se réunirent par une marche forcée, et lui firent éprouver la défaite la plus complète. Il périt avec cinquante mille de ses soldats. La vue de sa tête, qu'on jeta dans le camp d'Annibal, porta, dit-on, le découragement dans le cœur de ce chef. Cependant le jeune Scipion[1], qui avait remporté, en Espagne, où il avait succédé à son père et à son oncle, les avantages les plus décisifs, revint à Rome; et, ayant été nommé consul, sollicita et obtint du sénat la permission de porter la guerre en Afrique. L'état de crise dont la république était à peine sortie ne lui permettait pas de mettre à sa disposition de grandes forces, mais il trouva assez de ressources dans son génie. Il avait un allié assuré dans Massinissa, roi numide, dont il s'était concilié l'affection en Espagne. Avec son secours, il défit d'abord Siphax, autre prince numide, et Asdrubal, général des Carthaginois. Une succession rapide d'avantages le conduisit jusqu'auprès de Carthage; mais, comme Annibal, *il ne sut pas profiter de sa victoire*, et, au lieu d'attaquer aussitôt cette ville, où la terreur avait produit le désordre, il tourna tous ses efforts contre Tunis, dont il s'empara. Il entreprend enfin d'investir Carthage. Sur ces entrefaites, Annibal, qu'on a rappelé d'Italie, arrive et lui demande une entrevue, qui se termine sans résultat. Alors on se prépare des deux côtés à la bataille où vont se balancer encore une fois les destins des deux plus puissantes villes du monde.

Les Carthaginois sont complétement battus, et leur vainqueur maître des conditions d'une paix qu'ils ne peuvent plus refuser, les force d'abandonner aux Romains, l'Espagne, la Sicile, la Sardaigne, toutes les îles entre l'Italie et l'Afrique, et presque tous leurs vaisseaux. Scipion revint alors à Rome (l'an 553), où le peuple, que ses exploits avaient rempli d'admiration, et qui d'ailleurs l'affectionnait d'autant plus que l'envie des nobles lui avait précédemment suscité toutes sortes d'obstacles, le reçut avec les plus vives acclamations de joie. On lui décerna unanimement le surnom d'*Africain*.

Pendant les années qui suivirent, les Romains eurent à réprimer plusieurs révoltes, tant en Italie qu'en Espagne; mais la principale guerre qu'ils soutinrent fut contre Philippe, roi de Macédoine, qui avait prêté son secours d'abord aux Carthaginois contre la république elle-même, et à Antiochus ensuite, contre un prince d'Égypte qu'elle avait pris sous sa protection. Après divers échecs, Philippe se soumit.

Cependant Annibal s'étant retiré à la cour d'Antiochus, roi de Syrie, à qui ses nombreuses conquêtes avaient fait donner le surnom de *Grand*, y mettait tout en œuvre pour le déterminer à faire une guerre à mort aux Romains. Il voulait les lui faire attaquer en Italie même ; mais les courtisans, jaloux de l'ascendant qu'un étranger prenait sur l'esprit de leur maître, s'attachèrent à traverser ses desseins. Par leurs conseils, Antiochus se contenta de ravager la Grèce. Une entreprise plus audacieuse n'eût pu avoir pour lui une plus mauvaise issue. Battu sur terre près des Thermopyles, et par mer dans le port d'Éphèse, il ne put même trouver au sein de ses États un refuge contre les armes victorieuses qui le poursuivaient. Il fut défait une troisième fois près de Magnésie, et la paix, qu'il se trouva trop heureux d'accepter alors, accrut le domaine de la république de tout ce qu'il possédait en Europe et de plusieurs provinces d'Asie. L. Cornélius Scipion, frère de l'*Africain*, sous les yeux duquel il avait remporté de si grands avantages, reçut en récompense le surnom d'*Asiatique*.

Il y eut pendant plusieurs années une alternative de révoltes et de répressions en Espagne, dans la Gaule cisalpine et dans la Ligurie. Les Étoliens et les Galates furent battus en Grèce, et les Gallo-Grecs en Asie. On apprit ensuite qu'un ennemi qui semblait devoir être bien plus redoutable que tous ces peuples, Persée, roi de Macédoine, fils et successeur de Philippe, armait secrètement. La guerre lui fut déclarée, et la première bataille se serait sans doute décidée en sa faveur, si, par une inconcevable pusillanimité, il n'eût fait retirer ses troupes au moment où elles allaient saisir la victoire. Depuis il n'éprouva plus que des revers. Enfin, n'ayant pas même dans son royaume une place où se retirer, il fut contraint de se livrer à son vainqueur, le consul Paul-Émile, dont il orna le triomphe. Paul-Émile, qui, le premier, offrait à ses concitoyens le spectacle d'un roi captif, reçut d'eux le surnom de *Macédonique*.

L'année suivante fut témoin d'un autre triomphe, également remarquable par la présence d'un roi vaincu, celui d'Illyrie, que le préteur Anicius Gallus conduisit devant son char.

Les Romains virent alors des monarques puissans rechercher non-seulement leur alliance, mais encore leur protection. Bientôt ils s'arrogèrent la tutelle des princes, qu'un âge trop tendre rendait incapables du gouvernement.

Carthage, quoique bien déchue de son ancienne splendeur, était cependant toujours pour les Romains un sujet d'ombrage. Ils ne désiraient rien tant que de trouver un prétexte pour détruire entièrement cette ville avant qu'elle eût recouvré assez de forces pour leur être de nouveau redoutable. Ils la firent ou la laissèrent attaquer par leur allié Massinissa, et, s'autorisant d'une insulte faite par la populace carthaginoise à l'un de leurs ambassadeurs, ils lui déclarèrent bientôt la guerre eux-mêmes. Les Carthaginois, pour conserver la paix, accédèrent à tout ce qu'on leur demanda. Ils fournirent trois cents ôtages, pris parmi les plus recommandables de leurs citoyens, livrèrent leurs armes et brûlèrent ce qui leur restait de vaisseaux. De si grands sacrifices ne les sauvèrent pas : le sénat romain, qui avait résolu la ruine de leur ville, leur fit enfin signifier qu'ils eussent à l'abandonner; à cette nouvelle proposition, ou plutôt à ce nouvel ordre, la fureur succède à la résignation; les ambassadeurs qui ont osé le transmettre sont insultés. On s'agite, on se forge des armes. Les cheveux des esclaves et ceux mêmes des femmes les plus distinguées sont employés à faire des cordages. Le désespoir enfante le courage, et Rome craint un instant d'avoir réveillé un rival; mais le jeune Scipion, qui semble avoir hérité tout à la fois des talens de son père, l'illustre Paul-Émile, et de ceux de Scipion l'Africain qui l'a adopté, triomphe enfin de toute résistance après un siége de trois ans (l'an de Rome 607). Ce ne fut qu'en déplorant la rigueur d'un sénat ombrageux qu'il se détermina, d'après l'ordre qu'il en avait reçu, à détruire sa conquête.

Vers le temps où Carthage était incendiée et ruinée de fond en comble, une autre ville célèbre aussi, l'opulente Corinthe devenait également la proie des flammes. Le consul Mummius conduisit à Rome un butin immense qu'il y avait fait.

Des troubles qui s'étaient élevés en Grèce, y avaient été facilement apaisés; il n'en était pas ainsi de l'insurrection des Espagnols, qui tirait sa principale force des talens et du courage de leur chef, le célèbre Viriatus. Il avait battu plusieurs armées romaines; mais Caïus Lélius, surnommé *le Sage*, et Q. Fabius Emilianus, arrêtèrent ses progrès, et apprirent aux siens, dans trois engagemens successifs, qu'il n'était pas invincible. Viriatus fut encore battu par Q. Pompéius. Il prit bientôt sa revanche, et le battit à son tour. Enfin, après avoir pendant treize ans balancé en Espagne la puissance des armes romaines, il fut assassiné par quelques-uns de ses officiers, dont le consul Q. Cépion n'avait pas eu honte de provoquer la trahison par l'appât de l'or. Le sénat, qui savait dans l'occasion se revêtir des dehors d'une justice sévère, lui refusa l'honneur du triomphe, que, d'ailleurs, il n'avait guère mérité par un tel exploit.

Cependant les Numantins, dans une autre partie de l'Espagne, opposaient la plus opiniâtre résistance. Ils battirent même plusieurs fois les Romains, et contraignirent (l'an 616) le consul Mancinus, qu'il tenaient bloqué avec toute son armée, à conclure une paix désavantageuse. Le sénat, selon sa coutume en pareille circonstance, refusa de la ratifier, et livra aux Numantins le consul qui l'avait signée. Ceux-ci, trop généreux pour venger sur Mancinus une perfidie dont il n'était pas coupable, le renvoyèrent avec mépris, et ne répondirent aux Romains qu'en battant de nouveau leurs généraux. Mais ils ne devaient pas résister au dernier vainqueur de Carthage. Scipion, ayant pris le commandement des troupes qui leur étaient opposées, ne tarda pas à leur prouver que les succès dépendaient, à la guerre, moins encore des soldats que du général. Les malheureux Numantins, réduits à la dernière extrémité, imitent, en se faisant brûler avec leurs femmes, leurs enfans et leurs richesses, l'héroïque résolution des habitans de Sagunte.

Sur ces entrefaites, le tribun Tibérius Gracchus, d'une famille plébéienne, mais alliée aux premières de Rome, entreprit de faire revivre la loi *Licinia*, qui fixait à cinq cents arpens la quantité de terres qu'un citoyen pouvait posséder; et, pour lever, de la part des grands, toute opposition, proposa d'indemniser ceux qui posséderaient au-delà du maximum fixé par cette loi, au moyen des trésors qu'un roi d'Asie, nommé Attale, avait laissés en héritage au peuple romain. Mais les patriciens, qui, selon toute apparence, avaient compté faire leur profit de ces trésors, et qui, d'ailleurs, devenus trop puissans, ne souffraient plus qu'impatiemment qu'on voulût poser des bornes à leur despotisme, jetèrent les hauts cris à une proposition si juste. Neanmoins la loi aurait passé, si Scipion Nasica, qu'elle allait forcer d'abandonner une partie de ses immenses possessions, n'écoutant qu'un sordide égoïsme, n'eût, à la tête d'une troupe de sénateurs, de valets et d'esclaves, armés de bâtons et de leviers, dispersé l'assemblée du peuple, au moment où il allait donner ses suffrages. Le tribun, parent de Nasica, et trois cents de ses partisans, furent tués dans cette mêlée, et leurs corps précipités dans le Tibre. Le sénat, fier de son succès, étendit ensuite, par des assassinats juridiques, le nombre des victimes. Beaucoup de plébéiens furent exilés par le préteur Popilius.

Comme aucun événement extérieur, si ce n'est une tentative d'un certain Aristonicus pour s'emparer des États d'Attale, dont il se prétendait issu, et une révolte d'esclaves en Sicile, n'était venu distraire l'attention du peuple, il la donnait tout entière à ses malheurs domestiques. Il se reprochait la mort de Gracchus, comme si c'eût été lui qui l'eût assassiné. Il rappelait son éloquence persuasive, ses vertus, son désintéressement, sa sollicitude pour le bien public; mais bientôt il crut le voir revivre dans son jeune frère Caïus Gracchus, aussi éloquent et encore plus ardent que lui. Caïus ayant été élevé au tribunat, outre qu'il insista pour l'exécution de la loi *Licinia*, en proposa plusieurs autres toutes favorables aux plébéiens. Il leur devint si cher, qu'ils le continuèrent dans sa charge de tribun sans qu'il la briguât, chose inouïe jusqu'alors. Malheureusement pour lui, il se chargea d'aller établir une colonie sur les ruines de Carthage. L'affection que le peuple lui portait se refroidit pendant son absence : à son retour, il trouva ses ennemis assez puissans pour oser entreprendre de faire abroger les lois qui avaient été rendues pendant son tribunat. Le jour où on devait en proposer l'abolition, le consul Opimius, son ennemi particulier, homme du caractère le plus méprisable, arme les sénateurs, leurs valets, leurs esclaves, et, soutenu en outre d'une troupe de Candiotes, qui lui servaient ordinairement d'escorte, se présente avec eux dans la place, qui était remplie de peuple, le charge, et ne se retire qu'après avoir massacré trois mille citoyens, parmi lesquels était Caïus, qui, quoique sans magistrature, pouvait être considéré comme leur chef. Opimius avait promis de payer sa tête au poids de l'or. Ne doit-on pas s'étonner, d'après cela, que tous les écrivains nationaux qui ont parlé des Gracques, les aient pour ainsi dire accablés sous le blâme que méritaient leurs ennemis? C'est que, comme le dit Napoléon, qui, malgré ses penchans anti-démocratiques, rendait justice aux intentions de ces deux grands hommes, « l'histoire des Ro-« mains a été écrite par des nobles. »

Durant ces déplorables événemens, on vit se succéder diverses petites guerres : en Illyrie, en Sardaigne, en Italie, contre des villes révoltées, et dans les Gaules, contre les Allobroges et les Auvergnats : toutes se terminèrent à l'avantage des Romains.

Ils ne furent pas moins heureux ensuite contre les Thraces, qui, d'abord, avaient obtenu contre eux de grands avantages.

Sur ces entrefaites, l'usurpation et les forfaits d'un jeune prince numide, petit-fils de Massinissa ; attirèrent l'attention du peuple romain. Jugurtha, c'était le nom de l'usurpateur, ayant partagé, avec ses cousins Adherbal et Hyempsal, le royaume de Numidie, auquel il n'avait d'autre droit que celui qu'il tenait de la générosité du père de ces princes, fit d'abord assassiner le dernier, et s'empara ensuite des États d'Adherbal, qui se vit réduit à venir à Rome implorer le secours d'un peuple allié. Les patriciens étaient, plus que jamais, dominés par une cupidité sordide. Séduits par les présens de Jugurtha, ils ne prirent que faiblement les intérêts du prince dépouillé. On sembla n'envoyer que pour la forme une ambassade, à la tête de laquelle était Opimius. Le meurtrier de trois mille de ses concitoyens ne devait pas être difficile à corrompre. Il revint, ainsi que ses collègues, chargé d'or et de honte, après avoir accédé à tous les désirs de Jugurtha, qui ne laissa à Adherbal que la moindre portion des États de son père, et encore avec l'intention de les lui ravir bientôt. A peine les commissaires romains sont partis, qu'il l'attaque de nouveau, le bat, le contraint de se renfermer dans la place de Cirthe; et, tandis que ce malheureux prince implore en vain l'intervention du nom romain pour avoir *au moins la vie sauve*, il le force à capituler, puis après l'assassine. Forcé, par les cris du peuple, toujours plus généreux que ses maîtres parce qu'il est plus désintéressé, le sénat envoie en Afrique le consul L. Bestia Calpurnius avec une armée. Mais ce général, aussi avide de richesses que les députés qui l'avaient précédé, fit de la guerre qu'il s'était chargé de conduire, un objet de spéculation. Il ne presse d'abord Jugurtha avec quelque ardeur que pour pouvoir lui faire acheter plus chèrement la paix. Cette paix il la vend bientôt, de concert avec M. Scaurus, prince du sénat, qui ne rougit pas de partager le fruit d'un si coupable trafic. Alors le peuple fait éclater à Rome son indignation. Memmius, l'un de ses tribuns, s'écrie que « la gloire et les intérêts de l'État « sont tombés en commerce; qu'on a « trahi la majesté de l'empire; qu'on « a vendu la république dans l'armée « et dans Rome. » Opimius est condamné à l'exil, comme coupable de concussion. Jugurtha est cité devant l'essemblée du peuple. Il se rend à

Rome, gagne un tribun, et rend nulle ainsi l'accusation de Memmius. Mais, ayant porté la confiance dans la puissance de son or jusqu'à faire assassiner, dans Rome même, un dernier rejeton de Massinissa, le sénat et le peuple, l'un par pudeur, l'autre par équité, concoururent également dans le but de punir un tel forfait. Jugurtha, de retour en Numidie, attendit de pied ferme les troupes romaines, les combattit autant avec l'or qu'avec le fer, et, fier de quelques succès, porta l'insolence jusqu'à faire passer sous le joug l'armée du pro-préteur Aulus. Métellus, qu'on envoya pour venger cet affront, vainquit Jugurtha dans une grande bataille, et s'empara d'une multitude de places. Il se flattait de terminer la guerre de Numidie en fort peu de temps, lorsqu'il apprit que Marius, l'un de ses lieutenans, qui, par ses talens et son courage, s'était élevé, de la condition la plus pauvre, aux premières dignités militaires, était parvenu, par ses brigues, à s'en faire donner la direction. Marius justifia le choix qu'on fit de lui. Il remporta une suite de victoires éclatantes, qui ébranlèrent la fidélité des alliés de Jugurtha. Ce prince lui fut livré par l'un d'eux (l'an 647), appelé Bocchus, que Sylla, alors questeur, trouva moyen de gagner. Ainsi le perfide Numide vit tourner contre lui-même l'arme qu'il avait si souvent employée à défendre le fruit de ses crimes, la corruption. Conduit à Rome, il y mourut dans les fers.

Cependant les armes de la république obtenaient moins de succès contre des peuples barbares, appelés Teutons et Cimbres, qui, sortis de la Chersonèse cimbrique, venaient, sans la connaître, et par conséquent sans la craindre, heurter la puissance romaine. Dès l'an 634, ils avaient remporté de grands avantages sur le consul Papyrius Carbo. Dix ans plus tard, ils battirent complétement M. Junius Silanus, et firent, l'année suivante, passer sous le joug l'armée de M. Aurélius Scaurus.

Q. Servilius Cépion et Curius Mallius furent encore vaincus par eux. Le sénat, effrayé, envoya contre ces barbares, Marius, qui, arrivé dans les Gaules, n'y trouva plus d'ennemis : ils étaient passés en Espagne. Le préteur Fulvius étant venu à bout de les en chasser, Marius, qui était demeuré à la tête de ses troupes, les vit revenir au bout de deux ans. Les Teutons se présentèrent les premiers; il les vainquit d'abord sur les bords de l'Arcq, petite rivière de Provence, et, le jour suivant, acheva leur défaite, qui fut si entière, si l'on en croit les historiens romains, que plus de cent cinquante mille de ces barbares jonchèrent les deux champs de bataille. Encouragé par les honneurs dont on récompensait de si brillans succès, Marius attaqua les Cimbres près de Milan, l'année suivante, et, dans une seule bataille, leur causa une perte de cent quatre-vingt mille hommes tués ou prisonniers.

Il y eut ensuite des troubles dans Rome, produits par la jalousie que nourrissaient l'un contre l'autre Marius et Métellus, ou plutôt le peuple et le sénat. Il en coûta, pour les apaiser, le sang de quelques tribuns du peuple et de plusieurs autres citoyens. Vers le même temps, on réprima une nouvelle révolte des Espagnols.

Bientôt on vit éclater la *guerre sociale* ou des alliés, entreprise par les Latins pour conquérir le droit de bourgeoisie, et, secondairement, pour venger la mort du tribun Drusus, assassiné par le parti des grands, parce qu'il avait proposé de le leur accorder. Cette guerre, dans laquelle furent employés, sous les consuls Rutilius et L. Julius, en qualité de proconsuls, Marius et Sylla, ne laissa pas de causer aux Romains de très-grandes alarmes; ils éprouvèrent plusieurs défaites, et, quoiqu'ils les eussent promptement réparées, ils jugèrent prudent d'octroyer, comme une faveur, à quelques villes d'abord, ensuite à un plus grand nombre, et successivement à toutes, un privilége qu'elles auraient sans doute fini par leur arracher de vive force. Sylla, déjà renommé pour son habileté et sa bravoure, fut des généraux employés dans la guerre sociale, celui qui y acquit le plus de gloire ; ce qui ne contribua pas peu à entretenir l'inimitié qui déjà existait entre Marius et lui.

Mais bientôt le cri de plusieurs princes alliés du peuple romain attira ses armes au sein de l'Asie. Mithridate, souverain héréditaire du Pont, en envahissant leurs États, avait principalement en vue d'attaquer indirectement ce peuple superbe, dont le moindre citoyen se croyait supérieur aux rois. Bientôt apprenant que Rome lui a déclaré la guerre, il fait égorger, dans un seul jour, cent cinquante mille de ses citoyens dispersés, pour les affaires de leur commerce, dans la Grèce et en Asie. Sylla, qui s'étaitacquis une haute réputation dans la dernière guerre, où il avait gagné trois batailles, fut chargé d'aller venger l'injure faite à la république; mais ayant appris, au moment de s'embarquer, que Marius, par ses intrigues, était parvenu à se faire substituer à sa place, il marche droit à Rome avec son armée, fait casser tout ce qui a été fait en faveur de son rival, le déclare, ainsi que son fils, ennemi public, et, après ce coup d'autorité, va s'opposer, en Grèce, au progrès du roi de Pont.

Marius, réduit à se cacher, est arrêté et conduit dans les prisons de Minturne. Un esclave public est chargé de le tuer; il était Cimbre de nation. *Oserais-tu bien tuer Marius?* lui dit le consulaire en le voyant entrer dans son cachot. Le Cimbre, frappé du ton imposant dont ces paroles ont été prononcées, jette là son arme et s'enfuit. Les Minturniens, instruits par l'exemple de cet esclave à respecter la vie d'un grand homme, lui procurent les moyens de se rendre en Afrique, où son fils se trouvait déjà. Le préteur Sextilius, qui y commandait, lui envia le repos qu'il avait trouvé à l'abri d'une modeste cabane, élevée sur le sol où avait fleuri naguère la patrie d'Annibal. Il envoya un licteur lui intimer l'ordre de sortir de sa province. Le vainqueur des Cimbres regarda quelque temps cet officier, dans un morne silence ; mais comme il le pressait de lui donner une réponse qu'il pût porter au préteur : *Va*, lui dit-il, *apprendre à ton maître, que tu as vu Marius assis sur les ruines de l'antique Carthage*. Réponse sublime dans sa simplicité, et qui, par le rapprochement de deux grandes infortunes, présentait le témoignage le plus imposant de l'instabilité des prospérités humaines.

Sylla cependant obtenait, contre Mithridate, les avantages les plus sinalés. Il reprit d'abord sur lui Athènes, et bientôt toute la Grèce. Passant ensuite en Asie, il y trouva ce monarque découragé, et prêt à accepter telles conditions de paix qu'on voudrait lui imposer. Pressé, de son côté, de revenir à Rome, où son ambition et les instances de son parti l'appelaient, il ne se montra pas bien exigeant. Mais avant de quitter l'Asie, il eut à réduire Fimbria, qui, à la tête d'une armée romaine dont il avait usurpé le commandement, ayant battu le roi de Pont, prétendait lui disputer l'honneur de la soumission de ce prince.

Pendant son absence, le consul Octavius, attaché à ses intérêts, avait chassé de Rome son collègue Cinna, partisan de Marius, et obtenu du sénat un décret qui le déclarait indigne de la charge qu'il occupait. Mais bientôt, joint par Marius et une foule de ses partisans, Cinna entre dans Rome, et obtient un plébiscite qui rappelle cet illustre exilé. Dès-lors commence une suite de meurtres et de proscriptions *telle*, dit Velléius Paterculus, *que rien n'eût jamais paru plus déplorable que la victoire de Marius, si elle n'eût bientôt été suivie de celle de Sylla.* Ce dernier s'avançait vers Rome, à la tête d'une armée peu nombreuse, mais aguerrie. Quand il eut atteint l'Italie, Marius et Cinna avaient cessé de vivre, mais leurs partisans subsistaient. Norbanus et Cornélius Scipion, qui tentèrent d'arrêter sa marche, virent leurs soldats ou battus par ses armes, ou débauchés par son or. Pompée, bien jeune encore, vint avec une armée se ranger sous ses ordres. Enfin Télésinus, général des Samnites, amenant à ses ennemis un puissant secours, est défait sous les murs de Rome, dont il a failli s'emparer. Se voyant sur le point d'être pris, le fils de Marius, qui semblait avoir hérité du courage, mais aussi de la cruauté de son père, se fait tuer près des murs de Préneste par un de ses esclaves, quelques écrivains disent par un jeune frère de Télésinus. Sylla, délivré d'un ennemi si redoutable, prend alors le surnom d'*Heureux*.

Il remplit bientôt Rome de ses vengeances. Six à sept mille soldats du parti de Marius, qui s'étaient rendus à lui sur la foi d'une amnistie, furent massacrés, par son ordre, au milieu du grand cirque, tandis qu'il présidait froidement le sénat dans un lieu tout proche, d'où l'on entendait les cris de cette multitude d'infortunés. Peu après on afficha dans la place publique, le nom de quarante sénateurs et de seize cents chevaliers qu'il dévouait au fer de ses sicaires. Chaque jour vit dès-lors paraître une longue liste de victimes; non-seulement le dictateur (Sylla s'était fait donner ce titre pour un temps indéfini) y faisait inscrire ceux qui avaient pris les armes contre lui, mais même les citoyens qui étaient demeurés neutres. Il joignit la confiscation à la proscription. Beaucoup furent sacrifiés, dont tout le crime était d'être riches; et comme chaque meurtre était payé deux talens, on vit des amis apporter la tête de leurs amis, des fils celle de leur père. Tant d'horreurs ne se bornèrent pas aux murs de Rome : elles envahirent l'Italie, et n'eurent un terme que quand Sylla, par une résolution dont on ne connut jamais le motif, abdiqua son pouvoir sanguinaire après l'avoir exercé trois ans. Et ce qui peut paraître étonnant, dans un temps de factions, il n'y eut pas un seul citoyen qui plongeât son poignard dans le sein de ce meurtrier public. Le ciel sembla se charger de la vengeance. Sylla mourut quelque temps après dans d'horribles souffrances.

Pendant sa dictature on avait vu s'élever une nouvelle réputation qui menaçait d'éclipser la sienne et devait être à son tour éclipsée par celle d'un autre plus jeune et plus favorisé que lui. Cette réputation était celle de Pompée, auquel des victoires signalées qu'il était aller remporter en Afrique, où une nouvelle rebellion s'était déclarée, firent donner le surnom de *Grand*. Sylla, jaloux de la faveur dont il était l'objet, de la part du peuple, lui refusa d'abord le triomphe, et finit par le lui accorder. Pompée, après l'abdication de ce dictateur, vainquit l'un de ses principaux partisans, le consul Émilius Lépidus, qui cherchait à recueillir l'héritage de son despotisme, quoiqu'en prenant une voie opposée à celle qu'il avait suivie, c'est-à-dire en quittant le parti des grands pour celui du peuple. Des chagrins domestiques ayant achevé ce que les armes de Pompée avaient commencé, et la république se trouvant débarrassée de ce consul ambitieux, son vainqueur fut envoyé en Espagne, où Sertorius, l'un des premiers génies militaires de cette époque si fertile en généraux habiles, avait relevé le parti de Marius. Pompée y fit sa jonction avec Métellus; mais la jalousie qu'il conçut contre ce chef et son excessive confiance dans ses propres talens, lui firent faire beaucoup de fautes. Sertorius le battit dans toutes les rencontres; aussi affectait-il de le regarder comme un jeune présomptueux, novice encore dans l'art de la guerre.

Pompée, corrigé de sa témérité par ses revers, ne sépara plus son armée de celle de son collègue. Néanmoins Sertorius, quoiqu'à la tête d'une moindre quantité de troupes, savait, au moyen de cette rapidité d'exécution qui, pour ainsi dire, les multiplie, et surtout par la connaissance que ses soldats, presque tous espagnols, avaient du pays, si approprié, par la configuration de son sol, à la guerre d'escarmouches, si favorable aux surprises, tenir les ennemis dans de continuelles alarmes, et même remporter sur eux de fréquens avantages, qui, quoique légers individuellement, ne laissaient pas d'acquérir de l'importance à force de se répéter. Ses succès lui acquirent une telle réputation, que Mithridate lui fit offrir son alliance. Mais le fier Romain ne l'accepta qu'à des conditions telles qu'il les eût accordées s'il avait disposé de la souveraine autorité dans sa patrie. Enfin il fut assassiné par Perpenna, autre général du parti de Marius, jaloux de l'influence qu'il avait acquise sur l'esprit de ses propres soldats.

Pompée n'eut pas de peine à soumettre ce traître, que ses troupes abandonnèrent. Néanmoin son le combla d'autant d'éloges que s'il eût remporté une grande victoire. Sur ces entrefaites, un simple gladiateur, soutenu d'un petit nombre de ses compagnons, n'avait pas craint de s'élever, au sein même de l'Italie, contre la puissance des dominateurs du monde. Quelques succès accrurent son audace, et il vit bientôt accourir sous ses drapeaux une foule d'esclaves et de gens sans aveu, avec lesquels il battit plusieurs fois les armées romaines. Spartacus, se trouvait à la tête de cent vingt mille hommes ; mais enfin Lucinius Crassus, cet ami de Sylla dont les immenses richesses, dépouilles d'une foule de proscrits, sont passées en proverbe, arrêta ses progrès. Il fut bientôt entièrement défait dans deux batailles sanglantes dont la dernière lui coûta la vie. Ce gladiateur avait forcé ses ennemis à admirer ses talens militaires et son courage ; les débris de son armée tombèrent, en fuyant, au milieu de celle de Pompée, qui revenait d'Espagne, et furent taillés en pièces.

Pompée, de retour à Rome, fut élevé au consulat, et, par le crédit dont il jouissait, y fit élever Crassus ; mais celui-ci ne tarda pas à se déclarer son rival. Les deux consuls cherchèrent, chacun de son côté, à se concilier la faveur du peuple, Crassus par des largesses, Pompée en le flattant d'employer son influence au rétablissement de ses droits. Effectivement il rendit aux tribuns du peuple l'autorité que

Sylla leur avait ravie, et fit abroger la plupart des lois que ce dictateur avait portées contre la liberté publique.

Une multitude de pirates, auxquels les ports de Cilicie servaient de refuge, infestaient non-seulement les mers, mais encore les côtes, sur lesquelles ils effectuaient des descentes, pillant les maisons et les temples, et faisant les populations esclaves. On avait déjà envoyé contre eux Publius Servilius, qui les avait combattus avec quelque avantage, et Marc-Antoine, fils de l'orateur, qui en avait été battu. Leur audace s'étant accrue par la protection que venait de leur accorder Mithridate, la dignité de Rome et la sûreté de ses communications réclamaient impérieusement leur extermination. Pompée en fut chargé, et le peuple, dont il était devenu l'idole, lui octroya des pouvoirs si étendus, qu'ils surpassaient en quelques points ceux qu'on donnait au dictateur dans les plus grands dangers de la république. Pompée, avec de si grands moyens, soumit les pirates dans une seule campagne. Ne voulant point faire mourir une si grande quantité d'hommes, il les relégua dans l'intérieur des terres, où, de brigands, ils devinrent cultivateurs.

Métellus, de son côté, avait soumis la majeure partie de la Crète; mais des événemens bien plus considérables avaient lieu depuis quelque temps en Asie. Mithridate, profitant des troubles civils élevés dans Rome, avait violé la paix que Sylla lui avait imposée. Secondé de l'un des lieutenans de Sertorius, il avait repris plusieurs villes sur des princes alliés des Romains. On avait envoyé contre lui deux proconsuls, Lucullus et Cotta. Ce dernier fut battu sur terre et sur mer; mais Lucullus ne tarda pas à le venger. Il défit le roi de Pont dans plusieurs batailles, le poursuivit dans les États de Tigrane, roi d'Arménie, où il s'était retiré, et, continuant le cours de ses victoires, s'empara de la capitale et des villes les plus considérables de cette contrée.

Mais Lucullus, par son insatiable cupidité, qui lui faisait détourner tout le butin à son profit, s'était attiré l'inimitié de ses troupes. Leur indocilité lui fit éprouver des revers, et le réduisit pendant quelque temps à l'impossibilité de rien entreprendre. C'est alors qu'un tribun du peuple proposa de lui enlever la direction de la guerre d'Asie pour la donner à Pompée, auquel on conserverait, en outre, la sorte de dictature maritime qu'on lui avait conférée pour trois ans. Pompée, non-seulement imposa la paix à Tigrane, mais encore étendit ses conquêtes en Syrie, en Ibérie, en Albanie, en Judée, dont il pilla la capitale, et jusqu'en Arabie.

Pendant que les armes de la république triomphaient au loin, elle était, pour ainsi dire, attaquée au cœur par une conspiration de ses propres enfans. Catilina, issu de l'une des plus anciennes familles de Rome, mais souillé par toutes sortes de débauches et de crimes, avait conçu le dessein de s'emparer de la souveraine puissance. Les instrumens qu'il comptait employer étaient dignes de lui; c'étaient des jeunes gens accablés de dettes ou perdus de réputation, des hommes qui, à la faveur des troubles publics, espéraient pouvoir impunément venger des injures privées, et d'autres qui comptaient y trouver la possibilité de parvenir aux honneurs dont leur immoralité ou leur incapacité les tenait éloignés. Les moyens qu'ils se proposaient d'employer, pour parvenir à leur but, étaient l'assassinat, l'incendie, et le pillage d'abord, ensuite la proscription. Heureusement Cicéron, le premier orateur et l'un des hommes les mieux intentionnés de la république, était consul. Cet épouvantable complot, qui avait échoué deux fois déjà par l'impatiente précipitation de son chef, lui fut révélé par une femme, nommée Fulvie, amante de l'un des principaux conjurés. Il en suivit le fil, et, quand il eut acquis des preuves suffisantes, il le dénonça dans une assemblée du sénat. C'est alors qu'il adressa à Catilina, qui n'avait pas craint de s'y présenter, cette fameuse apostrophe, la première des *Catilinaires*. Catilina, voyant ses projets connus, ne les dissimule plus, et va se mettre, en Étrurie, à la tête d'une armée que Manlius, l'un de ses complices, y avait réunie.

Cependant Cicéron ayant saisi le plan de la conjuration, signé des plus influens de ses membres, entre les mains d'une députation des Allobroges qui, d'après son ordre, avaient feint de vouloir s'y associer, en fait son rapport au sénat. Cette assemblée condamne au dernier supplice Catilina et ses complices, et charge les consuls de l'exécution de ce qu'elle vient de décréter. Cicéron ordonne d'arrêter tous ceux des conjurés qui se trouvent à Rome, et les fait tuer en prison, sans les traduire, suivant l'usage établi, devant l'assemblée du peuple.

Son collègue Antonius se mit ensuite à la tête des légions, et alla en Étrurie attaquer le chef de la conjuration, qui se fit tuer avec le plus grand nombre de ses partisans, presque tous anciens soldats de Sylla.

Cependant Pompée revenait à Rome jouir de l'admiration que ses victoires avaient inspirée. Tout le peuple, dans l'enthousiasme, vola au devant de lui. Jamais triomphe ne fut plus propre à satisfaire un cœur passioné pour la gloire; mais il rapportait dans sa patrie les manières hautaines des despotes de l'Asie; et de protecteur du peuple qu'il était en partant, il revint avec l'intention de se faire le patron des nobles. Un homme qui était né avec plus d'ambition encore et de plus grands talens que lui, s'aperçut de cette faute, et résolut d'en profiter: Cet homme était César, qu'on avait soupçonné de favoriser intérieurement le parti de Catilina. D'une famille ancienne, mais neveu de Marius et gendre de Cinna, il avait osé résister au despotisme de Sylla, et n'avait dû qu'aux instances de ses proches d'échapper à la proscription. Ces circonstances auraient seules suffi pour le recommander au parti du peuple. Mais une figure noble, des manières affables, aisées, insinuantes, et, par-dessus tout, l'éloquence la plus persuasive, le servaient encore mieux. Au reste, il était, par son génie et par son courage, capable de soutenir toutes les entreprises qu'il pourrait former, et il ne s'en trouvait aucune au-dessus de son ambition. Il attira bientôt l'attention en protégeant le retour des citoyens exilés pendant la tyrannie de Sylla. Comme il prenait, dans toutes les occasions, l'intérêt du peuple, celui-ci se félicitait d'avoir retrouvé enfin un protecteur de ses droits. Pour faire l'essai de son crédit, il brigua, concurremment avec Luctatius, un des principaux du sénat, la dignité de souverain pontife, et l'emporta sur ce puissant compétiteur. Sentant bien cependant qu'il avait besoin, pour l'accomplissement de ses desseins, de l'éclat que donnent les armes, il se fit donner, en qualité de proconsul, le gouvernement de l'Espagne, dont il étendit les limites par ses conquêtes en Galice et dans la Lusitanie. Il brigua ensuite le consulat, et le dut à la rivalité de Pompée et de Crassus, les deux hommes les plus influens de la république, qui, craignant de voir passer cette charge importante dans les mains de leurs partisans réciproques, s'accordèrent dans le but de la lui faire obtenir.

César, devenu consul, parvint à intéresser Pompée et Crassus à ses projets, en offrant à ces deux ambitieux de leur en faire partager le fruit. Pour disposer le peuple à leur accorder tout ce qu'ils lui demanderaient, ils convinrent d'appuyer la proposition que César devait lui faire de partager entre vingt mille pères de famille des plus indigens le fertile territoire de la Campanie. A la faveur de cette loi, qui passa malgré l'opposition de la plus grande partie du sénat, ils se partagèrent les principaux gouvernemens de l'empire : César prit pour lui l'Illyrie et les Gaules, qui lui offraient de la gloire à conquérir ; Crassus choisit la Syrie dans l'espoir d'accroître encore ses richesses, et Pompée, qui venait d'épouser Julie, fille de César, accepta l'Espagne, qu'il fit gouverner par des lieutenans. Ces divers pouvoirs leur furent confirmés pour cinq ans.

César, Pompée et Crassus, formèrent donc dès-lors une sorte de ligue, à laquelle on donna le nom de *triumvirat*. Les triumvirs firent ou laissèrent bannir Cicéron, dont l'opposition leur était odieuse, sous le prétexte qu'il avait fait mourir les complices de Catilina sans observer les formalités prescrites par les lois. Après seize mois d'exil, cet illustre magistrat revint dans sa patrie, aux acclamations de tout le peuple.

César, arrivé dans la Gaule transalpine, eut d'abord à repousser une irruption d'Helvétiens qui avaient abandonné en masse leurs montagnes pour chercher de nouvelles terres. Aprrs les avoir vaincus et forcés de retourner dans la contrée qu'ils avaient quittée, il résolut de chasser du pays des Séquaniens et des Éducens, des hordes de Germains qui venaient de s'en emparer. Les Belges, et plus tard les Nerviens, éprouvèrent la puissance de ses armes; enfin, en dix années qu'il demeura dans les Gaules (et durant lesquelles il alla deux fois dans la Grande-Bretagne chercher de nouveaux dangers, c'est-à-dire de nouvelles victoires), il en soumit successivement les diverses provinces. Plus d'une fois il avait eu à réprimer le lendemain la rebellion des peuples qu'il avait soumis la veille ; mais enfin, autant par la clémence que par la terreur, il était parvenu à établir un calme parfait dans sa vaste conquête.

Pendant ce temps il y eut de légers troubles en Asie, et bientôt après de plus grands à Rome. Crassus, étant venu à bout de s'y faire continuer dans son gouvernement de Syrie, entreprit de faire la guerre aux Parthes, remporta d'abord de grands succès, et finit par perdre une bataille, à la suite de laquelle il fut tué dans une entrevue avec le général des ennemis.

Rome était alors sous l'influence de Pompée. La mort, en frappant son épouse, avait brisé le dernier lien qui l'attachait à César. Il venait même de donner une sorte de gage au parti de la noblesse, en entrant, par un nouveau mariage, dans la famille de Métellus, l'un des patriciens les plus zélés pour le maintien des prérogatives de son ordre. Le sénat, reconnaissant, l'avait continué dans son gouvernement. César écrivit à cette assemblée pour solliciter la même faveur, et, sur le refus qu'il essuya, s'avança, à la tête de quelques légions, jusqu'à Ravenne. De là il adresse au sénat une seconde lettre, dans laquelle il renouvelle sa demande, et proteste qu'il est prêt à se dépouiller de son autorité, si Pompée consent à abdiquer la sienne; on ne lui répond que par une sorte d'arrêt de mise hors la loi, dont l'exécution est confiée à son rival.

Le vainqueur des Gaules quitte alors secrètement Ravenne, joint quatre à cinq mille de ses soldats sur les bords du Rubicon, traverse cette rivière après quelques instans d'hésitation, s'empare de Rimini et de plusieurs autres villes, et enfin entre à Rome, d'où Pompée et la majorité des patriciens, qui n'ont pas osé l'y attendre, s'enfuient à Capoue, puis à Brindes, et de là en Grèce. L'italie, ayant reconnu l'autorité du vainqueur, il part pour aller l'établir en Espagne, prend en passant Marseille, franchit les Pyrénées, et, après avoir soumis, non sans quelque difficulté, deux lieutenans de son rival, revient à Rome, où il est élu dictateur. Il ne se sert du pouvoir que cette dignité lui donne, que pour se faire déférer le consulat et y élever Servilius Isauricus, un de ses plus zélés partisans.

Il passa alors en Épire, à la tête de cinq légions et de six cents chevaux. Il y demeura quelque temps dans l'inaction, en attendant que le reste de ses troupes, retardés par divers obstacles, vinssent le joindre. Elles arrivèrent enfin, et leur chef, à la suite de divers mouvemens stratégiques fort savans, vint à bout d'investir le camp de Pompée. Celui-ci, pour lequel il n'y avait plus d'alternative qu'entre la soumission et le combat, attaqua ses assaillans, força leurs lignes, y jeta le désordre, et pouvait, dit-on, assurer ce jour-là le triomphe de son parti s'il avait poussé plus vivement ses avantages. Cependant César s'était mis en retraite ; il le suivit, et, entraîné par l'ardeur impatiente des sénateurs qui l'environnaient, lui présenta la bataille. L'action s'engagea au milieu des plaines de Pharsale, dans la Thessalie. César, qui savait que l'armée de son ennemi se composait en grande partie de jeunes gens, la plupart patriciens, recommanda à ses vétérans de les *frapper au visage*, prévoyant que le soin qu'ils prendraient pour garantir de toute atteinte des agrémens dont ils étaient aussi jaloux que de leur vie, nuirait au succès de leur cause. La victoire pourtant lui fut opiniâtrément disputée ; mais enfin les troupes de Pompée plièrent, et lui-même n'eut bientôt de ressource que dans la fuite. Il s'embarqua à Mitylène, et prit la direction de l'Égypte, où il croyait trouver, à la cour de Ptolémée, qui lui devait pour ainsi dire un trône sur lequel il avait rétabli son père, un asile assuré; mais l'ingrat Égyptien sacrifia à ce qu'il croyait être l'intérêt de son ambition, la vie d'un bienfaiteur et d'un grand homme. Pompée fut assassiné, à la vue de son épouse Cornélie par les sicaires de ce prince, dans une barque qu'il lui avait envoyée, sous prétexte de le conduire plus sûrement au rivage, où il ne devait pas aborder vivant.

César, qui s'était mis à la poursuite de son rival, ne fut pas plus tôt débarqué en Égypte, qu'on lui présenta sa tête. On dit qu'à cet aspect il ne put retenir ses larmes, et qu'il regretta que le crime de Ptolémée lui eût ravi le plaisir et la gloire de pardonner à un homme dont il estimait le génie. Ce regret était-il sincère? nous le pensons, car César avait de la grandeur d'âme, et ses ennemis les plus déclarés venaient d'éprouver sa clémence sur le champ de bataille même de Pharsale.

Le vainqueur se fit juge entre Ptolémée et sa sœur, Cléopâtre, qui se disputaient la souveraineté de l'Égypte. Il se déclara pour cette dernière, soit, comme on l'a dit, qu'il fût séduit par ses charmes, ou qu'en excluant Ptolémée, il voulût venger le meurtre de Pompée. Le prince égyptien essaya cependant de soutenir ses prétentions par les armes; mais ses troupes ayant été mises en déroute, il se noya en voulant, dans sa fuite, traverser le Nil.

César se hâta alors de se rendre en Asie, où Pharnace, roi du Bosphore, avait envahi plusieurs provinces romaines, et même défait en bataille rangée l'un de ses lieutenans. Pharnace se vit en un clin d'œil, non-seulement chassé de ses conquêtes, mais privé même de ses États, dont son vainqueur gratifia un roi allié. Ce fut après ces succès, étonnans par leur rapidité, que César écrivit à ses partisans: « *Veni, vidi, vici*; je suis venu, « j'ai vu, j'ai vaincu. »

César revint ensuite à Rome, où il ne resta qu'autant de temps qu'il lui en fallait pour consolider son pouvoir par des actes de générosité et des largesses. Il passa bientôt en Mauritanie, où le parti de Pompée, appuyé de Juba, roi de cette contrée, présentait encore une attitude menaçante. Le vainqueur de Pharsale devait désormais triompher de tous les obstacles : Scipion et Juba furent défaits dans une grande bataille, et le pays promptement soumis. On sait que Caton, l'homme le plus intègre de la république, renfermé dans les murs d'Utique, s'y donna la mort pour ne pas survivre à la liberté de sa patrie.

César revint encore une fois à Rome, où il se fit décerner quatre triomphes successifs, pour avoir vaincu les Gaulois, le roi du Bosphore, Ptolémée et Juba. Il en partit bientôt pour aller attaquer, en Espagne, les deux fils de Pompée. Il ne fut pas moins heureux contre eux que contre leur père.

César revint alors encore une fois à Rome, où il fut accueilli comme l'est toujours un vainqueur; ses prospérités étaient à leur comble; le monde lui obéissait, et ses ennemis, auxquels il avait généreusement pardonné, semblaient avoir passé dans les rangs de ses partisans. Les sénateurs, la plupart par adulation, quelques-uns dans la vue de le rendre odieux, lui décernèrent un pouvoir et des honneurs peu convenables au citoyen d'une république. Il était déjà dictateur, on lui donna les titres d'*empereur*, de *père de la patrie*, de *demi-dieu*; il eut, en outre, une foule de priviléges, et, si l'on croit quelques historiens qui nous paraissent avoir prêté une oreille trop facile à des bruits sans doute exagérés, le sénat mit en délibération si on lui accorderait le droit de souiller la couche de tous les Romains. Enfin, comme il se préparait à porter la guerre chez les Parthes, ses créatures insinuèrent qu'il fallait le revêtir du titre comme de l'exercice de la souveraineté, au moins vis-à-vis des rois barbares qu'il allait combattre. Une telle proposition réveilla toute l'animosité des républicains Une conjuration se forma au sein du sénat, et il y fut frappé de vingt-trois coups de poignards, au temps des ides de mars. Ses meurtriers furent d'abord regardés comme les libérateurs de leur patrie; mais Antoine, un de ses lieutenans les plus braves et de ses courtisans les plus serviles, ne tarda guère à tourner contre eux le ressentiment du peuple. Il fit d'abord l'oraison funèbre de son général; rappela son courage, son génie, et principalement son amour du bien public; insista sur sa clémence, dont ses meurtriers mêmes avaient éprouvé les effets. Il lut le testament de ce grand homme : il donnait au peuple romain ses jardins, et à chaque citoyen en particulier, une somme de 300 sesterces. Il y désignait en outre, comme son fils adoptif et son principal héritier, son neveu Julius Octavius, qui achevait alors son éducation dans une ville de l'Épire, et, à son défaut, Brutus, l'un de ses assassins, et, selon quelques historiens, son fils naturel. Ce testament pouvait bien avoir été supposé ou tout au moins altéré par Antoine, dans le but d'intéresser le peuple et d'exciter son indignation contre le principal des conjurés. Quoi qu'il en soit, ceux-ci se hâtèrent d'aller prendre possession de divers gouvernemens que le sénat leur avait donnés : mais on ne tarda pas à s'apercevoir qu'Antoine aspirait à remplacer César. Le jeune Octave, qui venait d'arriver à Rome avec un projet semblable, eut assez de crédit pour se faire donner le titre de consul, et le commandement d'une partie des troupes que le sénat avait résolu d'envoyer contre cet ancien lieutenant de son père, le seul rival qui lui parût à redouter. Après des succès divers, il se réunit à celui qu'on l'avait chargé de combattre. Dans une conférence qu'ils tinrent au milieu d'une petite île formée par le Phanaro, près de Modène, Octave et Antoine convinrent de se partager les provinces de l'empire; mais comme ils devaient marcher à la tête de la majorité de leurs forces contre Cassius et Brutus, qui, avec les légions de l'Orient, se disposaient à passer en Italie, ils jugèrent à propos de laisser, pour les représenter dans cette contrée, Lépide, général dont leur ambition n'avait rien à craindre, et qui avait dû à sa naissance plus qu'à ses taleus, le commandement de sept légions qui lui obéissaient dans les Gaules. C'est la ligue de ces trois hommes qui porte, dans l'histoire, le nom de *second triumvirat*. Elle fut cimentée du sang d'une foule de victimes qu'ils se sacrifièrent réciproquement, et dont Cicéron fut la plus illustre. Antoine abandonna son oncle au ressentiment d'Octave, et Lépide, son frère, à celui d'Antoine.

Antoine et Octave se mirent ensuite

à la tête de leurs légions, et rencontrèrent celles de Cassius et de Brutus, près de la ville de Philippes, en Macédoine. Il y avait plus de cent mille hommes dans chaque armée. Antoine, qui commandait l'aile droite, vainquit Cassius; mais Octave, ou plutôt ses troupes, qui se trouvaient à l'aile gauche (car pour lui, sa pusillanimité lui avait fait chercher un prétexte pour se dispenser d'assister au combat), ne tinrent pas devant celles de Brutus. Cassius, ignorant que sa défaite eût été compensée par la victoire de son collègue, se donna la mort, et laissa ses soldats sans chef. Brutus, qui fut défait dans une seconde bataille, en fit autant le lendemain. Octave montra, à la suite de sa victoire, ou pour mieux dire, de la victoire d'Antoine, autant de cruauté que César, après la sienne, avait prouvé de clémence. Un grand nombre d'officiers de l'armée ennemie furent égorgés par les ordres de celui qui n'avait osé, dans l'action, soutenir leurs regards. Les deux triumvirs se partagèrent alors le territoire de l'empire : Antoine eut l'Orient, où il devait se laisser enchaîner par les charmes de la fameuse Cléopâtre; Octave prit pour lui l'Occident, et envoya Lépide en Afrique. Il éprouva d'abord quelques obstacles à établir solidement son autorité en Italie. Antoine, avec lequel il ne s'accorda pas long-temps, vint même l'y attaquer; mais la guerre, à peine commencée, se termina par une réconciliation; Octavie, sœur d'Octave, en épousant Antoine, en devint le gage. Cependant Sextius Pompéius, l'un des fils du grand Pompée, était à la tête d'une flotte nombreuse : Octave, qui n'était pas brave, aima mieux acheter de lui la paix que de compromettre sa fortune en entreprenant de la conquérir. Il lui céda la Sicile et les îles adjacentes, dont il était déjà en possession.

Il se fit de grandes réjouissances à

bord de la flotte de Sextius, et il se vit un moment maître de la vie des triumvirs *, qui s'étaient rendus sur son vaisseau. Cette réconciliation, qu'on célébrait avec tant d'éclat, fut cependant de peu de durée. La guerre éclata de nouveau entre les deux partis. Sextius eut d'abord tout l'avantage; mais les secours de Lépide et d'Antoine, et surtout le génie d'Agrippa, l'un des meilleurs généraux de cette époque, firent enfin triompher Octave. Non-seulement il ajouta à ses provinces la Sicile et la Sardaigne, mais il dépouilla Lépide du fantôme de pouvoir dont il était revêtu, sous prétexte qu'il l'avait trop mollement secondé dans son entreprise. Octave apaisa ensuite une sédition qui éclata

* Un de ses affranchis lui proposait de couper le cable. « Tu devais le faire sans me le « dire, répondit Sextius; mais il est trop « tard maintenant : le parjure est indigne « d'un fils de Pompée. »

parmi ses troupes. De retour à Rome, le sénat lui prodigua plus d'adulation et lui décerna plus d'honneurs encore qu'à César; mais il en refusa la plus grande partie, soit qu'il redoutât un sort semblable au sien, soit qu'il trouvât plus de facilité à envahir les droits de tous à l'abri d'une captieuse modestie, et qu'il méprisât les titres, pourvu qu'il eût le pouvoir. Cependant Antoine, dont le lieutenant Ventidius avait remporté contre les Parthes trois victoires signalées, était loin d'être lui-même aussi heureux. L'amour dont il s'était épris pour Cléopâtre l'occupait, au milieu de son camp, bien plus que le succès de la guerre qu'il avait entreprise. Dans le but de retourner plus tôt près de cette princesse, il faisait fautes sur fautes, et éprouvait échecs sur échecs. Ce n'était plus ce guerrier si prudent et si brave à la valeur et aux talens duquel Octave avait en partie dû sa fortune; il semblait qu'en prenant le commandement des provinces de l'Asie, il eût pris aussi le caractère voluptueux et efféminé de ses habitans.

Octave, qui ambitionnait le gouvernement de la totalité de l'empire, profita du mépris où son rival commençait à tomber, pour l'attaquer indirectement dans la personne de Cléopâtre, à laquelle il fit déclarer la guerre. Il se plaignait qu'il eût répudié sa sœur Octavie, pour ramper l'esclave d'une reine, et d'une reine barbare; deux titres également odieux à tous les Romains, dont, ajoutait-il, il avait, par cette conduite, avili le nom. Le sénat, par un décret, le dépouilla de son gouvernement. Cependant Antoine, abandonnant la guerre des Parthes, songea à conjurer l'orage qui menaçait de fondre sur lui des côtes de l'Italie. Les négociations ne lui ayant pas réussi, il rassembla une puissante armée. Celle qu'Octave lui opposa vint camper dans son voisinage, à peu de distance d'Éphèse.

Comme on était dans l'hiver, on n'entreprit rien de part et d'autre jusqu'au printemps. Antoine alors s'embarqua avec une partie de ses troupes, d'après le vœu de Cléopâtre et contre l'avis de ses meilleurs officiers, qui eussent préféré qu'il combattît sur terre. Octave s'étant mis à sa poursuite, une bataille s'engagea près d'Actium. La victoire penchait en faveur d'Antoine, quand la fuite de Cléopâtre, qui commandait soixante vaisseaux égyptiens, la fit, pour ainsi dire, rentrer dans la flotte de son ennemi. Antoine, comme s'il eût été complice d'une lâcheté qui le perdait, se mit aussitôt à suivre cette reine abandonnant sa flotte, qui, quoique sans chef, se défendit jusqu'au soir, et ses troupes de terre, qui, pendant sept jours, attendirent qu'il vînt se mettre à leur tête, impatientes de le venger.

Cléopâtre, poursuivie jusqu'en Égypte, tenta vainement d'abord de s'enfuir avec ses vaisseaux par la mer

Rouge, et ensuite de séduire son vainqueur. Antoine, qui, sur le faux bruit de sa mort, s'était percé de son épée, se fit, aussitôt qu'on l'eut désabusé, porter auprès d'elle, et expira dans ses bras. La piqûre d'un aspic qu'elle s'était fait apporter à dessein, dans un panier de figues, ne tarda pas à la soustraire elle-même à la honte d'orner le triomphe d'Octave.

Demeuré seul des triumvirs, le vainqueur d'Antoine ne voyait pas dans tout l'empire une seule province qui ne fût soumise à son joug. Après avoir réduit l'Égypte en province romaine, il visita une partie de l'Asie mineure et ensuite la Grèce, pour en organiser l'administration. Il revint enfin à Rome, où le peuple, séduit par la pompe dont il s'environnait plus que par l'admiration de ses victoires, le reçut avec de grandes acclamations d'allégresse : il se fit décerner successivement trois triomphes. L'adulation se tourmenta alors pour lui trouver un titre qui répondît à sa fortune ; mais il ne voulut accepter que celui d'*empereur*, et de tous les noms flatteurs qu'on voulait lui donner, il ne conserva que celui d'*Auguste*.

Octave, possesseur paisible de l'empire du monde, n'en jouissait pas cependant dans une sécurité parfaite. Soit qu'il eût toujours présent à sa pensée le tragique destin de César, soit que ce sentiment de respect dont les Romains étaient imbus dès leur enfance pour les institutions républicaines eût encore de la puissance sur son cœur, il délibéra plus d'une fois s'il n'abdiquerait point une autorité usurpée ; mais Mécène, son ami et son flatteur, l'en détourna toujours, en lui persuadant, ce qui était assez plausible, que Rome, au point de corruption où elle était parvenue, ne pouvait jouir de quelque tranquillité que sous un maître.

Auguste, quand il eut pris son parti à cet égard, s'appliqua à faire oublier, par un gouvernement doux et sage, les proscriptions qui avaient signalé le commencement de son règne. Il protégea les lettres et récompensa avec magnificence ceux qui les cultivaient avec quelque succès. On vit fleurir en même temps, ou à peu de distance les uns des autres, Virgile, Horace, Cicéron, Catulle, Ovide, Varron, Tite-Live, Salluste, et plusieurs autres écrivains illustres. Une réunion si rare de talens éminens a fait époque dans l'histoire des connaissances humaines. La flatterie en fit honneur au prince sous lequel elle eut lieu; le siècle qui en fut témoin est encore nommé *le siècle d'Auguste*. Sans doute Octave y contribua par des encouragemens sagement distribués; mais la reconnaissance qu'on doit lui en avoir eût été plus entière, et sa gloire plus grande, s'il n'eût pas laissé égorger Cicéron et banni Ovide. Ce prince mourut à l'âge de soixante-dix-sept ans, après avoir changé la forme du gouvernement de sa patrie ; ses successeurs exercèrent, à son exemple, l'autorité souveraine, sous le titre d'*empereurs*.

FIN.

www.ingramcontent.com/pod-product-compliance
Lightning Source LLC
LaVergne TN
LVHW020019170826
845678LV00001B/48

* 9 7 8 2 3 2 9 6 1 6 6 4 3 *